essentials

Essentials liefern aktuelles Wissen in konzentrierter Form. Die Essenz dessen, worauf es als „State-of-the-Art" in der gegenwärtigen Fachdiskussion oder in der Praxis ankommt. *Essentials* informieren schnell, unkompliziert und verständlich

- als Einführung in ein aktuelles Thema aus Ihrem Fachgebiet
- als Einstieg in ein für Sie noch unbekanntes Themenfeld
- als Einblick, um zum Thema mitreden zu können

Die Bücher in elektronischer und gedruckter Form bringen das Fachwissen von Springerautor*innen kompakt zur Darstellung. Sie sind besonders für die Nutzung als eBook auf Tablet-PCs, eBook-Readern und Smartphones geeignet. *Essentials* sind Wissensbausteine aus den Wirtschafts-, Sozial- und Geisteswissenschaften, aus Technik und Naturwissenschaften sowie aus Medizin, Psychologie und Gesundheitsberufen. Von renommierten Autor*innen aller Springer-Verlagsmarken.

Reinhard Renter

Achtsamkeit in der Polizei

Wege zu mehr Resilienz und Effektivität

 Springer Gabler

Reinhard Renter
Hofstetten, Baden-Württemberg
Deutschland

ISSN 2197-6708 ISSN 2197-6716 (electronic)
essentials
ISBN 978-3-658-46289-5 ISBN 978-3-658-46290-1 (eBook)
https://doi.org/10.1007/978-3-658-46290-1

Die Deutsche Nationalbibliothek verzeichnet diese Publikation in der Deutschen Nationalbibliografie; detaillierte bibliografische Daten sind im Internet über https://portal.dnb.de abrufbar.

Planung/Lektorat: Claudia Rosenbaum
Springer Gabler ist ein Imprint der eingetragenen Gesellschaft Springer Fachmedien Wiesbaden GmbH und ist ein Teil von Springer Nature.
Die Anschrift der Gesellschaft ist: Abraham-Lincoln-Str. 46, 65189 Wiesbaden, Germany

Wenn Sie dieses Produkt entsorgen, geben Sie das Papier bitte zum Recycling.

Was Sie in diesem *essential* finden können

- Sie erkennen, wie Achtsamkeit speziell auf die besonderen Herausforderungen und Anforderungen der Polizeiarbeit zugeschnitten ist und welche positiven Auswirkungen sie auf das Arbeitsumfeld haben kann.
- Sie erfahren, wie wissenschaftlich fundierte Achtsamkeitstechniken zur Verbesserung der psychischen Gesundheit, der kognitiven Leistungsfähigkeit und der Resilienz von Polizeibeamten beitragen.
- Sie lernen die konkrete Vorgehensweise bei der Einführung des Achtsamkeitsprogramms im Polizeipräsidium Offenburg kennen, einschließlich der Strategien, Methoden und Erfahrungen, die zur erfolgreichen Implementierung beigetragen haben.
- Sie verstehen die Schlüsselrolle von Führungskräften bei der Implementierung einer achtsamen Kultur und wie sie durch Vorbildfunktion und gezielte Strategien positive Veränderungen bewirken können.
- Sie erkennen, dass regelmäßige Achtsamkeitsübungen den Beamten helfen, in Stresssituationen ruhiger und gelassener zu bleiben, was für die tägliche Polizeiarbeit unerlässlich ist.

Liebe Leserinnen und Leser,

als ehemaliger Polizeipräsident und langjähriger Befürworter innovativer Strategien zur Verbesserung der Arbeitsbedingungen und der Gesundheit von Polizeibeamten freue ich mich sehr, Ihnen dieses Buch über die Einführung und Anwendung von Achtsamkeitsprogrammen in der Polizeiarbeit vorstellen zu können.

Meine Reise in die Welt der Achtsamkeit begann vor einigen Jahren, als ich selbst mit den vielfältigen Herausforderungen, persönlichen Niederlagen und der hohen Stressbelastung in unserem Beruf konfrontiert wurde. Schnell wurde mir klar, dass herkömmliche Methoden der Stressbewältigung oft nicht ausreichen, um den komplexen Anforderungen, denen wir täglich ausgesetzt sind, gerecht zu werden. Die Suche nach wirksamen Alternativen führte mich zur Achtsamkeitspraxis – eine Praxis, die nicht nur mein persönliches Wohlbefinden, sondern auch meine berufliche Leistungsfähigkeit und Entscheidungsfindung nachhaltig verbessert hat.

Im Jahr 2020 habe ich als damaliger Präsident des Polizeipräsidiums Offenburg ein umfassendes Achtsamkeitsprogramm in Anlehnung an das Search Inside Yourself Programm von Google entwickelt und eingeführt. Die positiven Rückmeldungen und sichtbaren Erfolge dieser Initiative haben mich motiviert, meine Erfahrungen und Erkenntnisse in diesem Buch weiterzugeben. Mein Anliegen ist es, Behördenleiter und Führungskräfte sowie alle Mitarbeiterinnen und Mitarbeiter zu ermutigen, innovative und strategische Schritte zu unternehmen, um das Arbeitsumfeld, das Führungsverhalten und die Gesundheit nachhaltig zu verbessern.

Achtsamkeit in der Polizeiarbeit ist weit mehr als ein kurzlebiger Trend. Wissenschaftliche Studien und ähnliche Programme in großen Unternehmen belegen die signifikanten positiven Effekte von Achtsamkeitstrainings. Besonders hervorzuheben ist die Stärkung der Resilienz – der psychischen Widerstandsfähigkeit – der Mitarbeiterinnen und Mitarbeiter. Diese Resilienz, gepaart mit verbesserter psychischer Gesundheit und gesteigerter kognitiver Leistungsfähigkeit, bildet die Grundlage für eine robuste und effektive Polizeiarbeit. Durch regelmäßige Achtsamkeitsübungen können die Mitarbeiterinnen und Mitarbeiter nicht nur lernen, in Stresssituationen ruhig und gelassen zu bleiben, sondern auch ihre Fähigkeit zur Bewältigung beruflicher Herausforderungen nachhaltig stärken. Diese Kombination aus innerer Ruhe und gestärkter Resilienz ist in unserem anspruchsvollen Beruf von unschätzbarem Wert.

Dieses Buch soll Ihnen nicht nur theoretisches Wissen vermitteln, sondern vor allem praktische Anleitungen und konkrete Handlungsempfehlungen geben. Anhand unseres Vorgehens erläutere ich das Warum, Wie und Was der Implementierung eines Achtsamkeitsprogramms. Sie finden klare Strategien und Methoden, die direkt in den Arbeitsalltag integriert werden können, um sofortige und langfristige Verbesserungen zu erzielen.

Besonderes Augenmerk lege ich auf die Rolle der Führungskräfte, da sie durch ihr Verhalten, ihre Einstellung und ihre Entscheidungen die Kultur und das Wohlbefinden in ihrer Organisation maßgeblich beeinflussen. Eine achtsame Führungskultur, die auf emotionaler Intelligenz basiert, kann nicht nur die Leistung der einzelnen Mitarbeiter und Teams steigern, sondern auch deren Zufriedenheit und Gesundheit fördern.

Ich lade Sie ein, sich auf die Reise der Achtsamkeit zu begeben und die positiven Veränderungen zu erleben, die sie in Ihrem persönlichen und beruflichen Leben bewirken kann. Nutzen Sie die Chance, neue Wege zu gehen und eine nachhaltige Kultur der Achtsamkeit in Ihrer Behörde zu etablieren.

Dieses Buch ist allen Mitarbeiterinnen und Mitarbeitern der Polizeien des Bundes und der Länder gewidmet, die täglich ihr Bestes geben, um unsere Gesellschaft sicherer und lebenswerter zu machen.

Reinhard Renter
Polizeipräsident a. D.
Lehrbeauftragter an der Hochschule
für öffentliche Verwaltung in Kehl

Inhaltsverzeichnis

Über den Autor

Reinhard Renter, Polizeipräsident a. D., ist seit Mai 2022 im Ruhestand und ein gefragter Keynote-Speaker zu den Themen Führungs- und Wertekultur sowie Achtsamkeitsprogramme. Während seiner Amtszeit als Präsident des Polizeipräsidiums Offenburg initiierte und implementierte er 2020 erfolgreich ein umfassendes Achtsamkeitsprogramm, das bis heute in der Wertebasis der Behörde fest verankert ist.

Als Vordenker für die Integration von Achtsamkeit in Polizeiorganisationen setzte Renter mit seinem Programm neue Maßstäbe, die in zahlreichen Fachartikeln, darunter im "Handbuch Polizeimanagement" (2023), Anerkennung fanden. Auf dem Europäischen Polizeikongress 2024 in Berlin leitete er das Fachforum „Entdecken Sie die transformative Kraft von Achtsamkeit in der Polizeiorganisation" und präsentierte gemeinsam mit Experten von Daimler AG, Allianz und Heiligenfeld Klinik Berlin innovative Ansätze zur Integration von Achtsamkeit in Organisationen.

Auch nach seinem aktiven Dienst bleibt Renter dem Achtsamkeitsprojekt des Polizeipräsidiums

Offenburg eng verbunden und engagiert sich wei-
terhin für dessen Weiterentwicklung und nachhaltige
Umsetzung.

Wenn Sie mehr über Wertekultur und Achtsamkeit in Organisationen erfahren oder seine Expertise
nutzen möchten, kontaktieren Sie ihn per E-Mail
unter: reinhard.renter@t-online.de
LinkedIn: https://www.linkedin.com/in/reinhard-ren
ter/

Ein ganz normaler Arbeitstag. Sie sind Führungskraft bei der Polizei und haben gerade Ihren Dienst angetreten. Schon vor dem ersten Kaffee klingelt Ihr Telefon – ein Einsatz wegen eines schweren Verkehrsunfalls. Noch während Sie Anweisungen geben, erreicht Sie eine E-Mail mit einer dringenden Bitte Ihres Chefs. Ein Kollege klopft an Ihre Tür und berichtet von einem teaminternen Konflikt, der Ihre Aufmerksamkeit erfordert. Der Tag hat gerade erst begonnen und Sie spüren bereits den wachsenden Stress. Die Anforderungen scheinen kein Ende zu nehmen und Sie fragen sich: Wie kann ich all dem gerecht werden? Wie kann ich in diesem Umfeld meine Mitarbeiterinnen und Mitarbeiter effektiv führen?

Hohe Anforderungen, Stress und Konflikte sind nur einige der Belastungen, denen die Mitarbeiterinnen und Mitarbeiter der Polizei täglich ausgesetzt sind. Um diesen Herausforderungen erfolgreich begegnen zu können, ist eine moderne und leistungsfähige Polizei unerlässlich.

Genau hier setzt das Thema Achtsamkeit an. In den letzten Jahren hat sich Achtsamkeit als neuer Ansatz entwickelt, um die Mitarbeiterinnen und Mitarbeiter bei der Bewältigung dieser Belastungen zu unterstützen. Doch wie kann Achtsamkeit in der Polizei tatsächlich konkret umgesetzt werden? Welchen Einfluss hat die Einführung von Achtsamkeitsprogrammen auf eine erfolgreiche und moderne Führung? Und wie trägt sie zur Resilienz der Mitarbeiterinnen und Mitarbeiter bei? Mit diesen Fragen beschäftige ich mich in diesem Essential.

Achtsamkeit ist ein Bewusstseinszustand, der durch die Konzentration auf den gegenwärtigen Moment gekennzeichnet ist. Durch gezielte Übungen wie Meditation oder Atemtechniken wird die Aufmerksamkeit weg von störenden Gedanken und Gefühlen und hin zum Hier und Jetzt gelenkt. Diese Praktiken haben sich als äußerst wirksam erwiesen, um Stress abzubauen, die Resilienz zu erhöhen und die körperliche und seelische Gesundheit zu verbessern. Es ist daher nicht verwunderlich, dass immer mehr Unternehmen, auch im Bereich der Polizei, auf Achtsamkeitsprogramme setzen.

Die Anwendung von Achtsamkeitspraktiken kann nicht nur auf individueller, sondern auch auf organisatorischer Ebene große Vorteile bringen. Studien haben gezeigt, dass Achtsamkeitsprogramme in Unternehmen die Mitarbeiterzufriedenheit und die Mitarbeiterbindung erhöhen, was zu einer gesteigerten Arbeitsmotivation und Produktivität führt. Diese positiven Effekte lassen sich auch auf Führungskräfte in der Polizei übertragen. Eine achtsame und resiliente Führungskraft, die sich selbst und ihre Mitarbeiter gut kennt, kann gezielt auf deren Bedürfnisse eingehen und ein positives Arbeitsklima schaffen.

Ein weiterer wichtiger Aspekt der Achtsamkeit ist die Förderung von Empathie und Mitgefühl. Durch das Training der eigenen Achtsamkeit wird auch das Verständnis für andere Menschen gestärkt. Dies ist gerade in einem so sensiblen Bereich wie der Polizeiarbeit von großer Bedeutung. Eine achtsame und belastbare Führungskraft kann besser auf die Bedürfnisse und Emotionen ihrer Mitarbeiterinnen und Mitarbeiter eingehen und so Konflikte frühzeitig erkennen und lösen. Auch im Umgang mit Bürgerinnen und Bürgern ist Empathie ein wichtiges Instrument, um Vertrauen aufzubauen und Konflikte zu vermeiden.

Neben der Förderung von Empathie und Mitgefühl kann Achtsamkeit auch einen wichtigen Beitrag zur Konfliktlösung leisten. Durch mehr Selbstreflexion und ein besseres Verständnis für die Perspektiven und Emotionen anderer können Probleme frühzeitig erkannt und konstruktiv angegangen werden. Innerhalb der Polizei ermöglicht eine achtsame Haltung den Führungskräften, gezielt auf Konfliktparteien zuzugehen und gemeinsam Lösungen zu entwickeln. Auch im Umgang mit Bürgern hilft Achtsamkeit, in stressigen und emotional aufgeladenen Situationen ruhig und respektvoll zu reagieren, was zur Deeskalation und Vertrauensbildung beiträgt.

Ein weiterer positiver Effekt von Achtsamkeit ist die Förderung von Kreativität und Innovationsfähigkeit. Durch die Konzentration auf den gegenwärtigen Moment und das Loslassen negativer Gedanken und Emotionen wird der Kopf frei für neue Ideen. Gerade in der heutigen Zeit, in der sich die Gesellschaft ständig weiterentwickelt und neue Herausforderungen entstehen, ist es wichtig, dass auch die Polizei innovativ und belastbar bleibt. Eine achtsame Führungskraft kann ihre Mitarbeiterinnen und Mitarbeiter dazu ermutigen, neue Wege zu gehen und innovative Lösungen zu finden.

Die theoretischen Vorteile von Achtsamkeitsprogrammen sind vielversprechend, entscheidend ist jedoch die praktische Umsetzung und Wirkung im

Polizeialltag. Um diese Frage zu beantworten, bietet dieses Buch einen detaillierten Einblick in unsere konkreten Erfahrungen. In den folgenden Kapiteln erfahren Sie, wie wir unser Achtsamkeitsprogramm umgesetzt haben, welche Herausforderungen und Erfolge wir dabei erlebt und welche wertvollen Erkenntnisse wir für die Zukunft gewonnen haben.

2.1   Warum Achtsamkeit in der Polizei notwendig ist

Die Einführung von Achtsamkeit und Achtsamkeitsprogrammen in Behörden und Polizeidienststellen ist keine Modeerscheinung, sondern eine fundierte Antwort auf die vielfältigen Herausforderungen moderner Polizeiarbeit.

Bereits die Innenministerkonferenz 2013 empfahl die Einführung von Achtsamkeitsprogrammen, um das Wohlbefinden und die Resilienz der Polizeikräfte zu stärken und ihre Fähigkeiten im Umgang mit den täglichen Herausforderungen zu verbessern (Innenministerkonferenz, 2013).

Warum Achtsamkeit für unsere Polizeiarbeit von unschätzbarem Wert ist, lässt sich in sieben zentralen Gründen zusammenfassen:

Stressreduktion und Resilienz
Der Polizeialltag ist häufig von hohem Stress geprägt. Achtsamkeitsprogramme helfen nachweislich, Stress zu reduzieren und die psychische Widerstandsfähigkeit zu stärken. Dies führt zu einem gesünderen Arbeitsumfeld und beugt Burnout vor.

Bessere Entscheidungsfindung
In kritischen Situationen, wie sie im Polizeidienst häufig vorkommen, ist eine klare Entscheidungsfindung unerlässlich. Achtsamkeit schärft den Verstand und ermöglicht es, auch unter Druck fundierte Entscheidungen zu treffen.

Erhöhung der emotionalen Intelligenz
Durch die Achtsamkeitspraxis entwickeln Polizeibedienstete ein besseres Verständnis für ihre eigenen Emotionen und die anderer. Dies führt zu einem harmonischeren Arbeitsklima und verbessert die Teamarbeit erheblich.

© Der/die Autor(en), exklusiv lizenziert an Springer Fachmedien Wiesbaden   5
GmbH, ein Teil von Springer Nature 2024
R. Renter, *Achtsamkeit in der Polizei*, essentials,
https://doi.org/10.1007/978-3-658-46290-1_2

Kreativität und Innovation werden gefördert
Achtsamkeitstechniken öffnen den Geist für neue Perspektiven. Dies ist besonders bei der strategischen Planung und bei Problemlösungen von großem Vorteil.

Stärkung der Führungskompetenz
Achtsame Führung, die auf Präsenz, Kommunikation, Mitgefühl und ethischer Entscheidungsfindung basiert, stärkt das Vertrauen und die Motivation in Teams und etabliert eine positive Führungskultur.

Verbesserte Interaktion mit Bürgern
Achtsamkeit fördert die Fähigkeit, auch in schwierigen Situationen ruhig und respektvoll mit Bürgern umzugehen. Dadurch wird das Vertrauen der Bevölkerung in die Polizei gestärkt.

Langfristige Förderung der Gesundheit
Regelmäßige Achtsamkeitspraxis trägt langfristig zur körperlichen und geistigen Gesundheit bei. Dies reduziert krankheitsbedingte Fehlzeiten und erhöht die allgemeine Arbeitszufriedenheit.

Die Einführung von Achtsamkeit und Achtsamkeitsprogrammen zielt darauf ab, eine Kultur des Wohlbefindens und der Exzellenz zu schaffen, die sowohl den Mitarbeitern als auch der Gemeinschaft zugutekommt. Wie ich bereits in meiner Zeit als Präsident des Polizeipräsidiums Offenburg erfahren durfte, können diese Programme zu deutlichen Verbesserungen in der Arbeitszufriedenheit und der Arbeitsleistung führen.

2.2 Achtsamkeit in Aktion: Sieben typische Situationen aus dem Polizeialltag

Um die praktische Bedeutung dieser sieben Aspekte zu veranschaulichen, möchte ich einige typische Situationen schildern. Sie zeigen, wie Achtsamkeit in verschiedenen beruflichen und persönlichen Situationen helfen kann, mit den Herausforderungen und Belastungen des Polizeidienstes besser umzugehen. Lassen Sie sich von diesen Geschichten inspirieren und entdecken Sie, wie Achtsamkeit auch Ihren beruflichen Alltag bereichern kann.

2.2.1 Stressreduktion und Resilienz

Wie Achtsamkeit zu einem gesünderen Arbeitsumfeld beiträgt

Eines Abends saß Polizeihauptkommissar Thomas Müller erschöpft in seinem Wohnzimmer und ließ den Tag Revue passieren. Es war ein heißer Sommertag gewesen, als er zu einem Verkehrsunfall gerufen wurde – ein schwieriger Einsatz, gefolgt von endlosen Berichten und Besprechungen. Seit Monaten fühlte er sich ausgelaugt und nervös, schlaflose Nächte gehörten zu seinem Alltag. Ein Kollege hatte ihm heute von einem neuen Achtsamkeitsprogramm erzählt, das im Präsidium eingeführt worden war. Skeptisch, aber verzweifelt genug, beschloss Thomas Müller, es auszuprobieren. Er meldete sich an – und tatsächlich: Nach den ersten Wochen spürte er eine Veränderung. Er schlief besser und war weniger gereizt. Bei einem besonders stressigen Einsatz gelang es ihm, ruhig zu bleiben und effektiv zu handeln. Die Achtsamkeitstechniken hatten ihm geholfen, Stress abzubauen und seine Resilienz zu stärken. Diese positiven Veränderungen motivierten ihn, die Übungen fortzusetzen und anderen davon zu erzählen.

2.2.2 Verbesserte Entscheidungsfindung

Durch Achtsamkeit in kritischen Momenten einen kühlen Kopf bewahren

Kriminalhauptkommissarin Anna Schuster stand vor einer schwierigen Entscheidung. Ein Einsatz war außer Kontrolle geraten und sie musste schnell und präzise handeln. Früher hatte sie in solchen Momenten oft gezögert und die Situation dadurch verschlimmert. Aber diesmal war es anders. Bevor sie ihre Entscheidung traf, nahm sie sich einen Moment Zeit für eine kurze Atemmeditation.

Anna Schuster nahm seit einigen Monaten an einem Achtsamkeitsprogramm teil. Die Übungen hatten ihr geholfen, ihre Gedanken zu ordnen und klarer zu sehen. Mit klarem Kopf und voller Konzentration traf sie die notwendigen Entscheidungen, um den Einsatz erfolgreich abzuschließen. Die Fähigkeit, in kritischen Momenten klar zu denken, war eine direkte Folge ihrer Achtsamkeitspraxis.

2.2.3 Erhöhte emotionale Intelligenz

Bessere Teamarbeit und harmonischeres Arbeitsklima durch Achtsamkeit

Eine Polizeihauptkommissarin und Dienstgruppenleiterin war stolz auf ihre Fachkompetenz und Durchsetzungsfähigkeit. „Aber ich spürte, dass etwas fehlte", erinnert sie sich. „Mein Team funktionierte zwar, aber es fehlte an Zusammenhalt und Motivation."

Nach einem Seminar über emotionale Intelligenz wurde ihr klar, wo ihre Schwächen lagen: „Ich hatte die Gefühle und Bedürfnisse meiner Mitarbeitenden oft als unwichtig abgetan." Sie begann nun, bewusster auf die Stimmung im Team zu achten und offener zu kommunizieren. Statt nur Anweisungen zu geben, hörte sie mehr zu und bezog ihre Kolleginnen und Kollegen in Entscheidungen mit ein. Sie lernte, Konflikte zu erkennen und konstruktiv damit umzugehen.

Die Veränderungen sind spürbar. Das Arbeitsklima hat sich spürbar verbessert, die Motivation ist gestiegen und auch die Leistung des Teams hat zugenommen. „Meine Mitarbeiterinnen und Mitarbeiter öffnen sich mehr und mehr und bringen häufiger eigene Ideen ein", berichtet sie. „Als Führungskraft fühle ich mich heute ausgeglichener und erfolgreicher. Die Fähigkeit, Emotionen wahrzunehmen und angemessen darauf zu reagieren, hat meine Führungsqualitäten enorm verbessert. Es macht mich stolz zu sehen, wie mein Team an den neuen Herausforderungen wächst."

2.2.4 Förderung von Kreativität und Innovation

Neue Perspektiven und Lösungen durch Achtsamkeit

Kriminalhauptkommissar Jens Becker stand vor einem komplizierten Fall. Die üblichen Ermittlungsmethoden brachten keine Fortschritte und die Frustration im Team wuchs. Da erinnerte er sich daran, dass er kürzlich an einem Achtsamkeitsprogramm teilgenommen hatte – und beschloss, eine Pause einzulegen und eine Achtsamkeitsübung zu machen. Nach der Übung fühlte er sich erfrischt und hatte einen klaren Kopf. Plötzlich kamen ihm neue Ideen und er sah den Fall aus einer anderen Perspektive. Diese neuen Ansätze führten schließlich zur Lösung des Falles. Seine Fähigkeit, kreative Lösungen zu finden, war eine direkte Folge seiner Achtsamkeitspraxis.

2.2.5 Stärkung der Führungskompetenzen

Achtsame Führung für mehr Teamdynamik und Motivation

Kriminaldirektorin Claudia Meier hat sich immer um ein gutes Verhältnis zu ihren Mitarbeitern bemüht. In letzter Zeit hatte sie jedoch das Gefühl, dass ihr

Führungsstil nicht mehr so erfolgreich war wie früher. Durch ein Achtsamkeitsprogramm lernte sie, wie wichtig Präsenz und Mitgefühl in der Führung sind. Sie begann, bewusster auf die Bedürfnisse ihrer Mitarbeiter einzugehen und eine Atmosphäre des Vertrauens und der Offenheit zu schaffen. „Ich muss wirklich zuhören, nicht nur hinhören", machte sie sich klar, bevor sie ein Gespräch mit einem Mitarbeiter begann. Diese Veränderungen führten zu einer deutlich höheren Motivation und Zufriedenheit im Team. Claudia Meier erkannte, dass achtsame Führung nicht nur ihre Beziehung zu den Mitarbeitern stärkte, sondern auch die gesamte Teamleistung verbesserte.

2.2.6   Verbesserung der Bürgerinteraktion

Ruhiger und respektvoller Umgang mit Bürgern durch Achtsamkeit

Polizeihauptmeister Lukas Braun wurde zu einem heftigen Nachbarschaftsstreit gerufen. Früher hätte er vielleicht schnell die Geduld verloren und hart durchgegriffen. Doch seit er an einem Achtsamkeitstraining teilnimmt, hat sich sein Verhalten geändert. Er blieb ruhig, hörte beiden Seiten aufmerksam zu und zeigte Verständnis für die Gefühle der Beteiligten. Seine ruhige und respektvolle Art half, die Situation zu entschärfen. Die Nachbarn beruhigten sich und fanden gemeinsam eine Lösung.

Zunächst war Lukas Braun skeptisch gegenüber dem Achtsamkeitstraining gewesen und es fiel ihm auch schwer, Zeit für die Übungen zu finden. Doch nach einigen Wochen merkte er, wie sehr die Achtsamkeit seine Fähigkeit verbessert hatte, mit Menschen effektiv und respektvoll umzugehen.

2.2.7   Langfristige Gesundheitsförderung

Nachhaltige körperliche und seelische Gesundheit durch regelmäßige Achtsamkeit

Oberamtsrätin Sabine Neumann stellte fest, dass sie und viele ihrer Kolleginnen und Kollegen häufig krank waren und unter chronischen gesundheitlichen Problemen litten. Auf Anraten eines Kollegen begann sie, an einem Achtsamkeitsprogramm teilzunehmen. Die regelmäßigen Übungen halfen ihr, Stress abzubauen und ihren Körper besser wahrzunehmen. Nach einigen Monaten bemerkte sie, dass sie seltener krank wurde und sich insgesamt gesünder fühlte. Sie ermutigte auch ihre Kollegen, an dem Programm teilzunehmen, und nach und nach verbesserte sich der allgemeine Gesundheitszustand. Die Achtsamkeitspraxis trug zur langfristigen physischen und psychischen Gesundheit des ganzen Teams bei und reduzierte die Zahl der krankheitsbedingten Fehlzeiten erheblich.

Diese sieben Geschichten zeigen eindrucksvoll, wie Achtsamkeit den Polizeialltag auf vielfältige Weise bereichern und verbessern kann. Von der Stressreduktion über verbesserte Entscheidungsfindung bis hin zu langfristiger Gesundheitsförderung – die Vorteile sind vielfältig und tiefgreifend. Jede dieser Geschichten spiegelt reale Herausforderungen wider, mit denen Polizeibedienstete täglich konfrontiert sind, und zeigt, wie Achtsamkeitspraktiken zu effektiven Lösungen führen können.

Natürlich ist Achtsamkeit kein Allheilmittel und kein weiches Kissen, das über Missstände hinwegtäuscht. Sie wirkt auch nicht von heute auf morgen. Die Entwicklung von Achtsamkeit ist ein jahrelanger Prozess, der Zeit, Geduld und regelmäßige Übung erfordert. Aber wie unsere Erfahrungen zeigen, können die Ergebnisse sowohl für den Einzelnen als auch für das gesamte Team und die Organisation transformativ sein.

Ich möchte Sie ermutigen, die in diesem Buch vorgestellten Achtsamkeitstechniken in Ihrem eigenen beruflichen und persönlichen Leben auszuprobieren. Beginnen Sie mit kleinen Schritten, haben Sie Geduld mit sich selbst und bleiben Sie offen für die positiven Veränderungen, die sich ergeben können. Achtsamkeit ist mehr als eine Reihe von Techniken – es ist eine Haltung, die uns befähigt, präsenter, ausgeglichener und effektiver in unserer täglichen Arbeit zu sein.

2.3 Zukunftskompetenz Achtsamkeit: Aktuelle Forschung und gelungene Praxis

In den letzten Jahrzehnten hat sich die Wissenschaft zunehmend mit den positiven Auswirkungen von Achtsamkeit auf Individuen und Organisationen beschäftigt. Zahlreiche Studien belegen die Wirksamkeit von Achtsamkeitsinterventionen in verschiedenen Arbeitsbereichen, darunter Polizei, Gesundheitswesen und Wirtschaft. Diese Forschungsergebnisse unterstreichen die Relevanz von Achtsamkeit als Mittel zur Stressreduktion, zur Verbesserung des Wohlbefindens und zur Steigerung der Arbeitsleistung.

Die meisten Forschungsarbeiten stammen aus den Bereichen Medizin, Psychologie und Neurowissenschaften. In jüngster Zeit hat auch die Organisationsforschung begonnen, die Auswirkungen von Achtsamkeit zu untersuchen. Die Forschung zeigt, dass sich Achtsamkeitspraktiken positiv auf die Aufmerksamkeits- und Emotionsregulation sowie das Bewusstsein für körperliche Empfindungen auswirken und somit das Wohlbefinden stärken (Weifenbach, 2024, S. 33).

Nach der Auswertung zahlreicher Studien entwickelten die Autoren und Berater Esther und Johannes Narbeshuber das "Salzburger Achtsamkeitsmodell (SAM)" und stellten fest, dass ihr Modell "Die vier positiven Effekte von Achtsamkeit und Präsenz" den aktuellen Stand der Forschung gut abdeckt und die positiven Effekte von Achtsamkeit und Meditation übersichtlich zusammenfasst (Naresahuber, 2019, S. 100 ff.). Die vier Bereiche, in denen diese positiven Effekte auftreten, sind Fokus und Effizienz, Kreativität und Innovationsfähigkeit, Vitalität und Resilienz sowie Sozialkompetenz und Mitgefühl.

Wie positiv sich Achtsamkeitstrainings in diesen verschiedenen Bereichen auswirken, belegen eindrucksvoll die folgenden Studien, ergänzt durch ein Beispiel aus der Praxis.

2.3.1 Stressreduzierung und Verbesserung des Wohlbefindens

Eine Metaanalyse von Khoury et al. (2013) fand heraus, dass achtsamkeitsbasierte Stressreduktion (Mindfulness-Based Stress Reduction, MBSR) die Symptome von Angst, Depression und Stress signifikant reduziert. Die Analyse umfasste 209 Studien mit insgesamt 12.145 Teilnehmenden. Diese Ergebnisse unterstreichen die Wirksamkeit von Achtsamkeitstraining zur Verbesserung des psychischen Wohlbefindens.

2.3.2 Reduktion von Burnout

Eine weitere Studie von Aikens et al. (2014) untersuchte die Wirkung eines Achtsamkeitstrainings bei Mitarbeitern eines Unternehmens und fand signifikante Reduktionen von Stress und Burnout sowie Verbesserungen der Arbeitsleistung und des Wohlbefindens. Die Teilnehmer berichteten über eine geringere emotionale Erschöpfung und eine höhere Arbeitszufriedenheit.

2.3.3 Schmerzmanagement

Eine Studie von Zeidan et al. (2011) zeigte, dass bereits ein kurzes Achtsamkeitstraining von nur vier Tagen die Schmerzempfindlichkeit und die damit verbundenen emotionalen Reaktionen bei gesunden Erwachsenen signifikant

reduziert. Die Teilnehmenden berichteten über eine geringere Schmerzintensi-
tät und -unangenehmheit sowie über weniger negative emotionale Reaktionen auf
Schmerzreize. Bildgebende Verfahren unterstützten diese Ergebnisse durch den
Nachweis von Veränderungen in Hirnregionen, die mit der Schmerzverarbeitung
und der Emotionsregulation in Verbindung stehen.

Durch den besseren Umgang mit körperlichen und emotionalen Stressoren
können Polizeibeamte, die regelmäßig Achtsamkeit praktizieren, ihre Belastbarkeit und Effektivität im Dienst erhöhen.

2.3.4 Hirnphysiologische und psychologische Veränderungen

Eine Studie von Hölzel et al. (2011) zeigt, dass acht Wochen MBSR zu strukturellen Veränderungen im Gehirn führen. Insbesondere wurde eine Zunahme der
Dichte der grauen Substanz im Hippocampus, in der temporo-parietalen Über-
gangszone und im Kleinhirn beobachtet. Diese Regionen werden mit Lernen,
Gedächtnisprozessen, Emotionsregulation, Selbstreferenz und Perspektivenüber-
nahme in Verbindung gebracht. Diese Veränderungen deuten darauf hin, dass
Achtsamkeitspraxis die Fähigkeit zur Emotionsregulation und Selbstwahrnehmung verbessert, was zu einem besseren Verständnis und Umgang mit eigenen
und fremden Emotionen führt.

Durch die Verbesserung der Emotionsregulation und Selbstwahrnehmung können Polizeibeamte, die regelmäßig Achtsamkeit praktizieren, ihre Resilienz und
Effektivität im Dienst erhöhen.

2.3.5 Achtsamkeit und emotionale Intelligenz in der Führung

Goleman und Boyatzis (2017) betonen in ihrer Studie, dass Achtsamkeit eine
Schlüsselrolle bei der Entwicklung emotionaler Intelligenz spielt, die für effektive Führung unerlässlich ist. Sie identifizieren zwölf Elemente emotionaler
Intelligenz, darunter emotionale Selbstwahrnehmung, emotionale Selbstkontrolle,
Empathie und Beziehungsmanagement, die durch Achtsamkeit gestärkt werden können. Diese Fähigkeiten helfen Führungskräften, ihre Teams besser zu
motivieren, Konflikte zu lösen und ein positives Arbeitsumfeld zu schaffen.

Durch die Achtsamkeitspraxis können Polizeibeamte ihre emotionale Intelligenz und damit ihre Führungsleistung verbessern. Dies trägt zu einer effektiveren und unterstützenden Arbeitskultur innerhalb der Polizei bei.

2.3.6 Eine achtsame Organisationskultur: Achtsamkeit am Arbeitsplatz verankern

Neuere Forschungen haben gezeigt, dass Achtsamkeit die wirksamste Intervention am Arbeitsplatz ist, um Stress zu regulieren und das psychische Wohlbefinden zu verbessern. Immer mehr Unternehmen möchten Achtsamkeit am Arbeitsplatz für ihrer gesamte Belegschaft zugänglich machen – und stellen in der Regel fest, dass sie über einen Pool von motivierten Achtsamkeitspraktikern verfügen. Ob Führungskräfte, Ausbilder oder Mitarbeiter – es besteht der Wunsch, dass auch andere Kolleginnen und Kollegen in der Organisation von den achtsamkeitsbasierten Interventionen profitieren (awaris, 2024).

2.3.7 Erfolgreiche Praxis am Beispiel von SAP

Ein Erfolgsbeispiel, das für unser Projekt beim Polizeipräsidium Offenburg eine wichtige Inspiration war, ist das Achtsamkeitsprogramm bei SAP. Bereits 2012 als Graswurzel-Initiative von wenigen Mitarbeitenden gestartet, ist das Programm für Achtsamkeit und emotionale Intelligenz mittlerweile ein zentraler Bestandteil der SAP-Kultur. Einen tieferen Einblick gibt ein SAP-Newsletter, in dem es heißt (Klose, 2022):

Die Global Mindfulness Practice Community wird von über 70 zertifizierten SAP-internen Search Inside Yourself (SIY)-TrainerInnen und über 90 internen Mindfulness-Ambassadoren an mehr als 50 Standorten und in über 30 Ländern unterstützt. Mehr als 14.000 Mitarbeitende haben das 16-stündige Training (virtuell oder vor Ort) bereits absolviert, viele weitere Tausend stehen auf der Warteliste.

Die Strahlkraft des Programms reicht weit über die Firmengrenzen hinaus. 100 SIY-Trainings fanden bereits bei SAP-Kunden statt, die Hilfe bei der Einführung von wissenschaftlich fundierten Achtsamkeitspraktiken in globale Organisationen wahrnahmen. Über 20 großen Unternehmen hat SAP bereits geholfen, SIY-Trainer auszubilden und eigene Achtsamkeits-Communities aufzubauen.

„Achtsamkeit und emotionale Intelligenz sind zwei grundlegende Kompetenzen, die über die Zukunftsfähigkeit von Unternehmen entscheiden." Davon ist Christian

Schmeichel, Chief Future of Work Officer von SAP, überzeugt. "Nur wer über seine persönlichen Werte und Stärken reflektiert und diese am besten ins Unternehmen einbringt, kann nachhaltig erfolgreich arbeiten. "

Folgerichtig hat er das Mindfulness Practice Programm zu einem wichtigen Punkt seiner Future of Work-Agenda und zum Bestandteil der Organisation „Health, Safety & Wellbeing" gemacht. Wichtige Schwerpunkte sind die Stärkung von Führungskräften, die Entwicklung des persönlichen Potenzials der Mitarbeitenden und die Förderung der mentalen Gesundheit.

Chief Mindfulness Officer und Leiter der SAP Global Mindfulness Practice Peter Bostelmann sieht die engagierte Arbeit seines Teams und der Mindfulness Practice Community durch diesen Schritt bestätigt. „Achtsamkeit ist kein Sozialklimbim, sondern Voraussetzung für ein authentisches und kraftvolles Miteinander. Es geht uns um einen Kulturwandel hin zu mehr Kreativität, Fokus, Resilienz, Führungsqualitäten und Wohlbefinden auf allen Ebenen des Unternehmens. "

2.4   Studien aus dem Bereich der Polizei

2.4.1   Mindfulness-Based Resilience Training (MBRT) für Polizeibeamte

Eine Studie von Christopher et al. (2016) untersuchte die Auswirkungen eines achtwöchigen MBRT-Programms auf Polizeibeamte in den USA. Die Ergebnisse zeigten signifikante Verbesserungen in den Bereichen Achtsamkeit, Resilienz, Stresswahrnehmung, Burnout, Schlafqualität und psychische Gesundheit. Darüber hinaus führte das Training zu einer positiven Veränderung der Cortisol Awakening Response (CAR), was auf eine verbesserte Stressbewältigung und allgemeine Gesundheit hinweist.

Diese Ergebnisse unterstützen die Einführung von Achtsamkeitstrainings bei der Polizei, da sie nicht nur zur Stressreduktion und Verbesserung der psychischen Gesundheit beitragen, sondern auch die Resilienz und Effektivität der Beamten stärken. Dies kann zu einer besseren Führungsleistung und einem positiveren Arbeitsumfeld führen.

2.4.2   Achtsamkeit und Polizeiarbeit

Eine Studie von Bergman et al. (2016) untersuchte, wie Achtsamkeitstraining die Fähigkeit von Polizeibeamten verbessern kann, effektiv mit der Gesellschaft

zu interagieren. Die Ergebnisse zeigten, dass das Training die Kommunikationsfähigkeiten der Beamten signifikant verbesserte, was zu mehr Verständnis und
Empathie führte. Dies half den Beamten, in angespannten Situationen ruhiger
und effektiver zu agieren, was wiederum das Vertrauen der Bürger in die Polizei
stärkte.

Durch die Achtsamkeitspraxis können Polizeibeamte ihre emotionalen und
sozialen Fähigkeiten verbessern, was zu einer effektiveren und einfühlsameren
Polizeiarbeit führt. Diese Veränderungen fördern nicht nur die Zufriedenheit und
das Wohlbefinden der Beamten, sondern auch ihre Beziehung zur Gesellschaft,
die sie schützen und der sie dienen sollen.

2.4.3 Achtsamkeit und Entscheidungsfindung in Stresssituationen

Andersen et al. (2015) untersuchten den Einfluss von Achtsamkeitstraining auf
die Entscheidungsfindung von Polizeibeamten in Stresssituationen. Die Ergebnisse zeigten, dass Beamte, die an einem Achtsamkeitstraining teilnahmen,
signifikant bessere Entscheidungen unter Stress trafen als die Kontrollgruppe.
Das Training führte auch zu einer signifikanten Reduktion der Stresssymptome
und zu einer Verbesserung der emotionalen Intelligenz der Teilnehmer.

Diese Ergebnisse unterstützen die Einführung von Achtsamkeitstrainings bei
der Polizei, um die Entscheidungsfindung und den Umgang mit Stress zu verbessern. Durch die Verbesserung der emotionalen Intelligenz und der Fähigkeit
zur Emotionsregulation können Polizeibeamte in kritischen Situationen effektiver und ruhiger agieren, was zu einer höheren Effizienz und einem positiveren
Arbeitsumfeld führt.

2.4.4 Langfristige Effekte von Achtsamkeitstraining

Eine Folgestudie von Christopher et al. (2018) untersuchte die Langzeitauswir-
kungen von Achtsamkeitstraining bei Polizeibeamten. Die Ergebnisse zeigten,
dass die positiven Effekte auf Stress, Resilienz und Burnout auch noch meh-
rere Monate nach dem Training nachweisbar waren. Die Teilnehmer berichteten
von einer anhaltenden Verbesserung der psychischen Gesundheit, einer Reduktion von Angst und Depressionen sowie einer Verbesserung der Schlafqualität.
Darüber hinaus konnten die Beamten ihre Arbeitsleistung und die Qualität ihrer
Interaktionen mit Kollegen und der Gemeinschaft verbessern.

Diese Ergebnisse unterstützen die Notwendigkeit einer kontinuierlichen Achtsamkeitspraxis, um den Nutzen aufrechtzuerhalten, und unterstreichen die Bedeutung von Achtsamkeitstraining für die langfristige psychische Gesundheit und berufliche Leistungsfähigkeit von Polizeibeamtinnen und Polizeibeamten.

2.4.5 Achtsamkeit in Krisenzeiten

Eine Studie von Frenkel et al. (2021) untersuchte die Auswirkungen der COVID-19-Pandemie auf 2567 Polizeibeamte in Europa, darunter auch in Deutschland. Die Ergebnisse zeigten, dass erhöhte Infektionsrisiken, unzureichende Führung und erhöhte Arbeitsbelastung zu signifikantem Stress führten. Achtsamkeitstraining erwies sich als besonders effektiv, um Stress zu bewältigen und die psychische Gesundheit zu verbessern. Diese Ergebnisse unterstreichen die Notwendigkeit von Achtsamkeitstraining zur Förderung der Resilienz und Effektivität von Polizeibeamtinnen und Polizeibeamten, insbesondere in Krisenzeiten.

2.4.6 Belastung und Achtsamkeit bei den Polizeibeamten

In einer Dissertation von Knut Latscha (2005) an der Ludwig-Maximilians-Universität München wurden die Belastungen und die Prävalenz von Posttraumatischen Belastungsstörungen (PTBS) bei bayerischen Polizeibeamten untersucht. Diese umfassende Studie zeigt die erheblichen psychischen Belastungen auf, denen Polizeibeamte ausgesetzt sind, und unterstreicht die Notwendigkeit gezielter Interventionsprogramme, einschließlich Achtsamkeitstrainings.

2.4.7 Stress und stressbedingte Erkrankungen im Polizeiberuf

Eine umfassende Studie (Staller et al., 2023), veröffentlicht im „Handbuch Polizeipsychologie" (2023), untersuchte die physischen und psychischen Belastungen, denen Polizeibeamte ausgesetzt sind. Die Ergebnisse zeigen, dass chronischer Stress zu gesundheitlichen Problemen wie Herzerkrankungen, Magenbeschwerden und psychischen Störungen führen kann. Darüber hinaus kann Stress die kognitive Leistungsfähigkeit und die Emotionsregulation beeinträchtigen, was sich negativ auf die Entscheidungsfähigkeit und das Verhalten der Beamten auswirkt. Die Studie empfiehlt die Einführung von Achtsamkeitstraining und anderen

Stressbewältigungstechniken, um die Resilienz und psychische Gesundheit der Beamten zu stärken. Auch organisatorische Veränderungen und eine bessere Unterstützung durch Vorgesetzte und Kollegen werden ebenfalls als notwendig erachtet.

Die wissenschaftliche Forschung zu Achtsamkeit liefert substanzielle Belege für die positiven Auswirkungen von Achtsamkeit. Studien aus verschiedenen Disziplinen dokumentieren Verbesserungen in den Bereichen Stressreduktion, Wohlbefinden, Arbeitsleistung und Resilienz.

Untersuchungen im Polizeikontext zeigen, dass Achtsamkeitstraining zu messbaren Verbesserungen der psychischen Gesundheit und Belastbarkeit von Polizeibeamten führt. Erfolgreiche Implementierungen in Wirtschaftsunternehmen unterstreichen zudem die praktische Anwendbarkeit und den wirtschaftlichen Nutzen von Achtsamkeitsprogrammen in Organisationen.

Diese Erkenntnisse bilden eine solide Grundlage für die Integration von Achtsamkeit in den Polizeidienst. Sie versprechen sowohl eine Verbesserung des Wohlbefindens der Beamten als auch eine Steigerung der organisatorischen Effektivität.

Die Einführung von Achtsamkeit beim Polizeipräsidium Offenburg

3

3.1 Wie und wo anfangen?

Die beeindruckenden Zahlen aus der Wissenschaft, die vielen positiven Erfahrungen von SAP, Daimler AG, Allianz und anderen Unternehmen ließen für mich keinen Zweifel an der Wirksamkeit und Notwendigkeit von Achtsamkeit.

Als Dienststellenleiter hätte ich das Achtsamkeitsprogramm nun einfach top-down einführen können. Dem standen jedoch entscheidende Argumente entgegen: Die Einführung von Achtsamkeit ist ein Veränderungsprojekt. Es geht um die Veränderung eines Ökosystems im Zusammenspiel von Menschen und Systemen auf verschiedenen Ebenen, die miteinander interagieren und sich daraus entwickeln (Weifenbach, 2024, S. 232).

Wir wissen aber auch, dass 70 % der Veränderungen nicht erfolgreich abgeschlossen werden, weshalb neue Ansätze (siehe unten) notwendig sind. Darüber hinaus erfordert ein Top-Down-Ansatz zum Thema Achtsamkeit einen hohen organisatorischen Reifegrad und damit einhergehend ein geteiltes Verständnis von Relevanz in der Organisation (Laloux, 2015; zitiert nach Weifenbach, 2024, S. 232). Diesen Reifegrad konnte ich in meinem Polizeipräsidium noch nicht feststellen.

Aus zahlreichen Gesprächen mit Expertinnen und Experten, vor allem aus verschiedenen Unternehmen, habe ich gelernt, dass neben der Notwendigkeit der Unterstützung durch das Management eine Graswurzelinitiative der richtige und erfolgreiche Weg zu diesem Thema ist.

Eine derartige Initiative zeichnet sich dadurch aus, dass engagierte Menschen mit einem gemeinsamen Anliegen Veränderungsimpulse setzen. Die Frage war

© Der/die Autor(en), exklusiv lizenziert an Springer Fachmedien Wiesbaden GmbH, ein Teil von Springer Nature 2024
R. Renter, *Achtsamkeit in der Polizei*, essentials,
https://doi.org/10.1007/978-3-658-46290-1_3

jedoch, ob es sich um eine Graswurzelinitiative handelt, wenn ich als Behördenleiter den Anstoß gebe und die Initiativen und das Vorgehen weitgehend mitbestimme.

Für Sabine und Alexander Kluge (Kluge&Kluge, 2020, S. 43) ist eine Graswurzelinitiative eine Bewegung mit Bedeutung, die kulturelle, bisweilen auch wirtschaftliche Rahmenbedingungen im Unternehmen auf ihre eigene Art und Weise verändern will. Diese Bewegung kommt aus der Mitarbeiterschaft heraus und hat für ihr Anliegen, oder für die Art und Weise, wie sie vorgehen, im Regelfall weder Auftrag noch Budget: Sie entsteht informell und ist damit, wie es der große Organisationssoziologe Niklas Luhmann sagen würde, zunächst einmal „brauchbar illegal", weil sie offensichtlich bestenfalls ein scheinbares Problem der Organisation löst.

Aus Sicht des Polizeipräsidiums handelt es sich nicht um ein klassisches Bottom-up-Projekt, aber aus der übergeordneten Perspektive der Landespolizei Baden-Württemberg um eine Graswurzelinitiative. Es ist mir ein großes Anliegen, dieses Thema landes- und bundesweit voranzutreiben und als umfassendes Programm zu etablieren.

In diesem Buch beschreibe ich jedoch die Vorgehensweise in meiner Behörde.

3.2   Empfehlungen der SAP und der Daimler AG für eine erfolgreiche Einführung

In meinem Beitrag „Achtsamkeitsprogramm des Polizeipräsidiums Offenburg" im Handbuch Polizeimanagement (Wehe & Siller, 2023, S. 603 ff.) habe ich die Erfolgsfaktoren für die Einführung eines Achtsamkeitsprogramms bei SAP und der Daimler AG ausführlich beschrieben. Es hat sich für uns bewährt, die Vorgehensweise daran auszurichten.

Hier die Erfolgsfaktoren in Kurzform:

SAP

1. Ein Team, eine/r geht voran
2. Den Wert für das Unternehmen beschreiben
3. Ein geeignetes Programm auswählen
4. Unterstützer finden
5. Wirksamkeit durch Pilot-Trainings belegen
6. Momentum nach den ersten Piloten erzeugen
7. Globales Programm etablieren

Quelle: Von der Graswurzelinitiative hin zum zentral geförderten, globalen Programm im SAPs Learning Center of Excellence SAP (2024).

Daimler AG

- Commitment und Sponsoring des Top-Managements
- Offenheit und persönliche Praxis der Führungskräfte
- Gezielte, flexible und agile Mindfulness-Programme
- Ausreichend „Raum" im Unternehmen
- Mut und Ausdauer

3.3 Start des Achtsamkeitsprogrammes beim PP Offenburg

Es war klar, dass wir uns an diesem Weg orientieren würden: auf der einen Seite die volle Unterstützung durch mich, was vor allem mit Freistellungsfragen, Budgetfragen und Vorbildfunktion zu tun hatte, auf der anderen Seite eine Graswurzelinitiative, um die Kraft des Teams zu nutzen.

3.4 Teambuilding

Eine Herausforderung bestand darin, ein geeignetes Team für die Umsetzung des Achtsamkeitsprogramms zusammenzustellen. Wie beschrieben, hat Peter Bostelmann (SAP) das „Team" an die erste Stelle seiner sieben Erfolgsfaktoren gesetzt. Auch John Kotter (2011) betont die Notwendigkeit eines schlagkräftigen Teams mit der richtigen Zusammensetzung, dem notwendigen Maß an Vertrauen und gemeinsamen Zielen.

Im Polizeipräsidium Offenburg fanden sich für die Planung und Umsetzung des Achtsamkeitsprogramms drei Kolleginnen, die neben einschlägigen Erfahrungen aus dem privaten Umfeld und der persönlichen Anwendung von Meditation und Yoga eine hohe Motivation für diese Aufgabe im Nebenamt mitbrachten. Zwei Kolleginnen absolvierten daraufhin im Frühjahr 2021 zusätzlich eine Ausbildung zur Entspannungstherapeutin/Entspannungspädagogin, was sich als hervorragende Voraussetzung für den weiteren Prozess erwies. Gemeinsam absolvierten wir im Jahr 2022 ein Seminar in „Mindfulness-Based Stress Reduction" (MBSR) (Wehe & Siller, 2023, S. 616).

Das Team wurde in der Folgezeit durch Personen für administrative und organisatorische Tätigkeiten (Ausschreibungen, Seminarplanung, Pflege der Homepage etc.) ergänzt.

3.5   Kommunikationskonzept

Um das Achtsamkeitsprogramm intern bekannt zu machen, entwickelten wir ein gezieltes Kommunikationskonzept mit verschiedenen Maßnahmen, um die Mitarbeiterinnen und Mitarbeiter umfassend zu informieren und zur Teilnahme zu motivieren.

Wir erstellten ansprechende Flyer mit kompakten Informationen zum Achtsamkeitsprogramm, die in allen Abteilungen verteilt wurden. Diese Materialien sollten das Interesse der Mitarbeiterinnen und Mitarbeiter wecken und ihnen einen ersten Überblick über die Inhalte und Vorteile des Programms geben.

Regelmäßige Informationsveranstaltungen in den Dienststellen und die jährlichen Klausurtagungen des Polizeipräsidiums boten den Beschäftigten die Möglichkeit, sich über die Achtsamkeitsseminare zu informieren und Fragen zu stellen. Diese Veranstaltungen wurden bewusst interaktiv gestaltet, um eine offene Kommunikation zu fördern und die Beschäftigten aktiv einzubinden.

Im Rahmen der „Wochen des betrieblichen Gesundheitsmanagements" haben wir Teile des Achtsamkeitsprogramms in das bestehende Angebot integriert. So konnten wir das Thema Achtsamkeit weiterverbreiten und den Beschäftigten erste praktische Erfahrungen bieten.

Unser Hauptziel war es, das Achtsamkeitsprogramm bekannt zu machen und die Teilnahme zu fördern. Flyer und Informationsveranstaltungen sorgten für eine breite Streuung, direkte Informationen und Interaktionen weckten das Interesse und motivierten zur aktiven Teilnahme.

3.6   Klausurtagungen beim PP Offenburg

Beim Polizeipräsidium Offenburg werden jährlich zweitägige Klausurtagungen mit den ca. 200 Führungskräften der Ebenen 1 bis 3 durchgeführt. Diese Klausurtagungen finden in einer externen Umgebung (Tagungshotel) mit einer maximalen Teilnehmerzahl von 25 Personen pro Klausurtagung statt. Ziel dieser Klausurtagungen ist es, das Rollenverständnis der Führungskräfte zu schärfen und die Achtsamkeit im Umgang mit sich selbst und den Mitarbeitenden zu fördern. Bereits 2018 verfolgten wir das Ziel, jeder Führungskraft bewusst zu machen, dass sie für ihre eigene Arbeitszufriedenheit und -qualität sowie für die ihrer Mitarbeitenden verantwortlich ist. Darüber hinaus nutzen wir diese Treffen, um innovative Führungskonzepte zu diskutieren und praktische Übungen zur Stärkung der Teamdynamik durchzuführen. Diese regelmäßigen Retraiten sind eine wertvolle Gelegenheit, um eine vertiefte Reflexion anzuregen und den Führungskräften Instrumente zur Förderung einer positiven Arbeitskultur an die Hand zu geben. Durch die kontinuierliche Weiterbildung und den Austausch untereinander stärken wir nicht nur die individuellen Kompetenzen, sondern auch den Zusammenhalt und die Leistungsfähigkeit unseres gesamten Führungsteams.

Im Jahr 2019 haben wir das Thema „Achtsamkeit" in den Mittelpunkt einer Klausurtagung gestellt. Die Klausurtagungen im Corona-Jahr 2020/2021 standen unter dem Motto „Führen im Wandel der Zeit" und beinhalteten Gruppenübungen zum Thema Stress, Selbst- und Gruppenreflexion, praktische Atemübungen inklusive Progressiver Muskelrelaxation nach Jacobson, Wahrnehmungsübungen wie den Bodyscan und Transferübungen zur Stressbewältigung.

Im Juli 2021 konnten wir Alexander Hobbach (Program Manager Mindful Leadership & Mindful Practice von der Daimler AG) für einen Vortrag im Rahmen der Klausurtagungen des Führungskreises 1 + 2 gewinnen, dem überwiegend Beamtinnen und Beamte in herausgehobenen Führungspositionen angehören. Er konnte überzeugend die Grundlagen für die Notwendigkeit eines Achtsamkeitsprogramms legen. Das positive Feedback machte deutlich, dass der Bedarf für ein Achtsamkeitsprogramm besteht und die Erwartungen daran hoch sind.

3.7   Einführung eines Dankbarkeitstagebuches

Abgerundet wurde das Themenfeld „Psychische Gesundheit" durch die Einführung eines „Dankbarkeitstagebuchs". Jede Führungskraft erhielt bei der Klausurtagung ein solches Tagebuch mit der Aufgabe, nach Dienstschluss gemeinsam mit dem Team über die folgenden drei Fragen nachzudenken und die Antworten einzutragen:

• Was ist euch heute gut gelungen?
• Was war heute schön?
• Worüber habt ihr euch gefreut?

Der psychologische Hintergrund dieser Übung basiert auf einer Studie des Psychologen Robert Emmons (Dauer, 2021). Die Ergebnisse dieser Studie zeigten, dass Teilnehmer, die regelmäßig ein Dankbarkeitstagebuch führten, messbar optimistischer waren, mehr Lebensfreude empfanden und sich vitaler fühlten. Außerdem schliefen sie etwas länger und besser und hatten weniger körperliche Beschwerden.

Eine weitere Studie bestätigt, dass praktizierte Dankbarkeit Stress und depressive Symptome deutlich reduzieren kann. Diese positiven Auswirkungen auf die psychische Gesundheit unterstreichen die Bedeutung von Dankbarkeit als einfache, aber wirkungsvolle Methode zur Förderung von Wohlbefinden und Resilienz (Wehe & Siller, 2023; S. 616).

Durch die regelmäßige Reflexion und den Austausch im Team wird nicht nur das individuelle Wohlbefinden gestärkt, sondern auch die Teamdynamik und der Zusammenhalt gefördert. Diese Maßnahme trägt somit zu einer positiven und unterstützenden Team- und Arbeitskultur bei.

3.8   Leitungsbesprechungen mit einer Achtsamkeitsminute beginnen

In unseren Leitungsbesprechungen habe ich eine Praxis aus dem SAP-Modell übernommen und jede Besprechung mit einer Achtsamkeitsminute begonnen. Diese Minute wurde durch den Klang einer Klangschale eingeleitet, was den Teilnehmern half, sich zu sammeln und im Moment anzukommen. Eine angeleitete Atemübung bot die Möglichkeit, sich zu zentrieren und präsent zu werden, bevor man in das Meeting einstieg. Die Achtsamkeitsminute half, den Stresspegel zu senken und die Konzentration zu fördern, was zu effektiveren und fokussierteren Diskussionen führte. Diese kleine, aber wirkungsvolle Praxis fördert die mentale Klarheit und das Wohlbefinden aller Teilnehmer und hat sich als wertvolles Ritual in unseren Sitzungen etabliert.

3.9   Einrichtung eines „Raumes für mich"

Im Polizeipräsidium Offenburg haben wir einen speziellen Raum für Achtsamkeit und Meditation eingerichtet. Dieser Raum, den wir „Raum für mich" genannt haben, dient als Rückzugsort für alle Mitarbeiterinnen und Mitarbeiter und bietet eine unterstützende Umgebung für Achtsamkeits- und Meditationsübungen.

Der Raum ist bewusst schlicht und aufgeräumt gehalten, um Ruhe und Frieden auszustrahlen. Mit sanften Farben und minimalem Mobiliar, darunter ein Meditationskissen und eine Yogamatte, schafft er eine Atmosphäre, die zur Entspannung und Konzentration einlädt. Der „Raum für mich" ist hell und sauber, mit frischer

Luft und ohne störende Elemente wie Telefon oder Handy. Inspirierende Gegenstände wie ein Bild unseres Achtsamkeitslogos fördern die positive Energie und unterstützen die Meditation. Der Raum steht allen Mitarbeitenden während der Arbeitszeit zur Verfügung.

In diesem Raum bieten wir auch zeitweise angeleitete Übungen zu „Achtsamkeits-Yoga", „Bodyscan", „Sitzmeditation" und „Atemmeditation" an.

Die Ziele dieses Raumes sind klar definiert: Er soll den Mitarbeitern helfen, Stress abzubauen, innere Ruhe zu finden und die Achtsamkeit zu fördern. Durch die regelmäßige Nutzung des Raumes können die Mitarbeiter ihre geistige Klarheit und ihr Wohlbefinden steigern. Die positiven Auswirkungen zeigen sich in einer erhöhten Resilienz und einer besseren Bewältigung der täglichen Herausforderungen im Polizeidienst. Durch die Bereitstellung eines solchen Raumes unterstützen wir die psychische Gesundheit unserer Mitarbeiterinnen und Mitarbeiter und fördern eine Kultur der Achtsamkeit und des Wohlbefindens im gesamten Präsidium.

3.10 Entwicklung eines zweitägigen Achtsamkeitsseminars „Erleichtere Dein Leben durch Achtsamkeit"

Mithilfe von Alexander Hobbach (Daimler AG) und der Unterstützung einer externen Trainerin wurde das interaktive und erlebnisorientierte Achtsamkeitsprogramm „Erleichtere Dein Leben durch Achtsamkeit" entwickelt. Das Programm orientiert sich an dem Programm "Search Inside Yourself", das ursprünglich bei Google entwickelt und später von Chade-Meng Tan, einem ehemaligen Google-Ingenieur, in Zusammenarbeit mit führenden Experten aus den Bereichen Achtsamkeit, Emotionale Intelligenz und Neurowissenschaften weiterentwickelt wurde. Das Programm zielt darauf ab, emotionale Intelligenz und Resilienz durch Achtsamkeitspraktiken zu fördern (Tan, 2015).

Es besteht aus den folgenden Hauptkomponenten:

- **Neurowissenschaftliche Grundlagen:** Ein Überblick über die neurobiologischen Grundlagen von Emotionen, ihre Wahrnehmung und den daraus resultierenden Verhaltensänderungen.
- **Emotionale Intelligenz:** Eine Definition emotionaler Intelligenz und ihre Vorteile im privaten und beruflichen Kontext, einschließlich der fünf Kompetenzen: Selbstwahrnehmung, Selbstmanagement, Motivation, Empathie und Führung.

- **Aufmerksamkeitstraining:** Techniken zur Verbesserung der emotionalen Intelligenz, der Selbstwahrnehmung, des Selbstmanagements und der Fähigkeit, mit sich selbst und anderen in Beziehung zu treten.
- **Gesundheitsfördernde mentale Gewohnheiten:** Prinzipien und Praktiken zur Entwicklung von Gewohnheiten wie effektives Zuhören, Kommunikationsfähigkeit, Großzügigkeit und Empathie.
- **Praxis der Achtsamkeit und Reflexion:** Übungen, die Freude, Erfolg und allgemeines Wohlbefinden fördern. Dazu gehören Aufmerksamkeitstraining, Partner- und Gruppenübungen sowie Schreib- und Gehübungen.

Nach dem Basisseminar, in dem die individuelle Selbstwahrnehmung und Achtsamkeit im Vordergrund stehen („Hier geht es um mich"), werden im Aufbauseminar die Komponenten Emotionale Intelligenz und Führungskompetenz stärker fokussiert („Hier geht es mehr um Führung").

Ziele und Nutzen des Programms
Das Achtsamkeitsprogramm zielt darauf ab, die folgenden Fähigkeiten und Zustände bei den Teilnehmenden zu fördern:

- Verbesserung der mentalen Fitness und Klarheit: Schärfung des Geistes und Erhöhung der mentalen Flexibilität.
- Entwicklung eines agilen und anpassungsfähigen Denkens: Förderung eines flexiblen und kreativen Denkens.
- Steigerung der Reflexionsfähigkeit: Vertiefung der Selbstreflexion und Selbsterkenntnis.
- Stressbewältigung durch Achtsamkeit: Reduktion von Stressreaktionen und Förderung von Geduld und Ausdauer.
- Erhöhte Resilienz: Stärkung der Widerstandsfähigkeit gegenüber Herausforderungen und Stress.
- Verbesserter Zugang zur eigenen Kreativität: Förderung kreativer Fähigkeiten und Problemlösungskompetenzen.
- Verbesserung der Selbstwahrnehmung: Verbesserung der Selbstwahrnehmung und der Emotionsregulation.
- Verbesserte Kommunikations- und Teamfähigkeit: Entwicklung verbesserter Kommunikationsfähigkeiten und Teamdynamik.
- Verbesserte Entscheidungsfindung: Förderung der Fähigkeit, informierte und reflektierte Entscheidungen zu treffen.
- Erlernen von Entspannungstechniken: Einführung in Techniken zur Entspannung und Stressreduktion.

- Steigerung der emotionalen Intelligenz: Entwicklung und Stärkung der fünf Kompetenzen der emotionalen Intelligenz.
- Erleben von gesteigertem Wohlbefinden und Zufriedenheit: Steigerung des allgemeinen Wohlbefindens und der Zufriedenheit, wodurch ein Zustand des Aufblühens erreicht wird.

Das Programm ist so konzipiert, dass es nicht nur die individuelle Entwicklung fördert, sondern auch ein positives und unterstützendes Arbeitsumfeld schafft. Durch die Kombination von wissenschaftlichen Grundlagen und praktischen Übungen geben wir den Teilnehmenden die Werkzeuge an die Hand, um sowohl beruflich als auch privat erfolgreicher und zufriedener zu sein.

3.11 Einführung des MBSR-Programms

In unserem kontinuierlichen Bestreben, die Gesundheit und das Wohlbefinden unserer Mitarbeiterinnen und Mitarbeiter zu fördern, unternahmen wir einen weiteren wichtigen Schritt: Wir integrierten das weltweit anerkannte MBSR-Programm (Mindfulness-Based Stress Reduction) in unser Achtsamkeitsprojekt.

MBSR, entwickelt von Dr. Jon Kabat-Zinn an der University of Massachusetts Medical School, ist mehr als nur ein Entspannungskurs. Es ist ein intensives, evidenzbasiertes Training, das unseren Mitarbeiterinnen und Mitarbeitern wirksame Werkzeuge an die Hand gibt, um die vielfältigen Herausforderungen ihres anspruchsvollen Berufs besser bewältigen zu können.

Kernelemente des achtwöchigen MBSR-Trainings

1. Achtsamkeitsmeditation
   Training der Fähigkeit, im Hier und Jetzt präsent zu sein – eine wesentliche Kompetenz für Mitarbeiterinnen und Mitarbeiter in kritischen Situationen.
2. Body Scan
   Eine Technik zur vertieften Körperwahrnehmung, die hilft, Stresssignale frühzeitig zu erkennen und darauf zu reagieren.
3. Achtsame Bewegungsübungen
   Sanfte, yogabasierte Übungen zur Förderung der körperlichen Achtsamkeit und Entspannung.
4. interaktive Gruppensitzungen

Ermöglichen einen wertvollen Erfahrungsaustausch und kollegiale Unterstützung.

5. Integration in den Alltag
   Praktische Übungen zur Implementierung von Achtsamkeit in den polizeilichen Arbeitsalltag.

Die Wirksamkeit von MBSR ist durch zahlreiche wissenschaftliche Studien belegt. Nach Abschluss des achtwöchigen Programms berichten die Teilnehmenden laut verschiedener Studien über folgende Verbesserungen:

- Signifikante Reduktion von Stress: bis zu 40 % weniger wahrgenommener Stress.
- Erhöhung der emotionalen Intelligenz: 25 % Verbesserung der Fähigkeit, Emotionen zu regulieren.
- Erhöhte Resilienz: 30 % Erhöhung der psychischen Widerstandsfähigkeit.
- Verbesserte Schlafqualität: im Durchschnitt 45 min mehr erholsamer Schlaf pro Nacht.
- Weniger körperliche Beschwerden: 35 % weniger stressbedingte körperliche Symptome.
- Verbesserte kognitive Leistungsfähigkeit: 20 % mehr Aufmerksamkeit und Konzentration.

Kompetenz aus den eigenen Reihen

Um die bestmögliche Umsetzung des Programms zu gewährleisten, haben wir in die Ausbildung einer unserer Mitarbeiterinnen investiert. Sie absolvierte eine umfangreiche und anspruchsvolle Ausbildung zur zertifizierten MBSR-Trainerin. Diese spezielle Qualifikation ermöglicht es uns, das MBSR-Programm intern anzubieten und dabei die besonderen Anforderungen und Herausforderungen des Polizeidienstes zu berücksichtigen. Unsere MBSR-Trainerin verbindet fundiertes Fachwissen im Bereich Achtsamkeit mit einem tiefen Verständnis für den Polizeialltag – eine ideale Kombination, um unsere Beamtinnen und Beamten bestmöglich zu unterstützen.

Die Einführung des MBSR-Programms beim Polizeipräsidium Offenburg ist mehr als eine Fortbildungsmaßnahme – es ist eine Investition in die Zukunft unserer Polizeiarbeit. Indem wir unseren Mitarbeiterinnen und Mitarbeiten diese hochwirksame Methode zur Stressbewältigung und Selbstfürsorge an die Hand geben, schaffen wir nicht nur ein gesünderes Arbeitsumfeld, sondern stärken auch die Qualität unseres Dienstes am Bürger.

3.12 Einrichtung einer Homepage und Aufbau einer Community

Um das Achtsamkeitsprogramm nachhaltig in unserer Organisation zu verankern, haben wir eine eigene Homepage eingerichtet. Sie dient als zentrale Anlaufstelle für alle Mitarbeiterinnen und Mitarbeiter, die sich über Achtsamkeit informieren und die in den Seminaren entwickelte Praxis vertiefen möchten. Mit regelmäßigen Updates bietet die Homepage wertvolle Unterstützung für den individuellen Achtsamkeitsweg.

Jeden Monat werden neue Tipps und detaillierte Anleitungen zu verschiedenen Achtsamkeitsübungen veröffentlicht. Diese Inhalte sollen die Achtsamkeitspraxis im Alltag erleichtern und bereichern. Von einfachen Atemübungen über geführte Meditationen bis hin zu praktischen Tipps zur Stressbewältigung bieten die monatlichen Beiträge eine Fülle an Inspiration und praktischem Handwerkszeug.

In Zukunft soll unsere Homepage nicht nur eine Informationsquelle sein, sondern auch ein interaktiver Raum, in dem sich Mitarbeiterinnen und Mitarbeiter austauschen, Fragen stellen und sich gegenseitig unterstützen können. Durch regelmäßige Umfragen und Feedbackrunden wollen wir sicherstellen, dass die Inhalte der Homepage stets den Bedürfnissen und Interessen unserer Mitarbeiterinnen und Mitarbeiter entsprechen. Ziel ist es auch, eine Community aufzubauen, die gemeinsames Wachstum und gegenseitige Unterstützung fördert.

Die Homepage ist benutzerfreundlich und leicht zugänglich, sodass alle Mitarbeiterinnen und Mitarbeiter unabhängig von ihren technischen Kenntnissen problemlos auf die Inhalte zugreifen können. Darüber hinaus ist sie auch über das eigene Mobiltelefon erreichbar, sodass die Ressourcen jederzeit und überall zur Verfügung stehen. Mobil optimierte Seiten stellen sicher, dass unsere Inhalte auch unterwegs zur Verfügung stehen.

Wir verstehen die Homepage als ein lebendiges Projekt, das sich ständig weiterentwickelt. Auf der Grundlage von Nutzerfeedback und neuen wissenschaftlichen Erkenntnissen verbessern und erweitern wir die Inhalte kontinuierlich. Unser Ziel ist es, eine dynamische und wachsende Plattform zu schaffen, die langfristig zur persönlichen und beruflichen Entwicklung unserer Mitarbeiterinnen und Mitarbeiter beiträgt.

Mit dieser Homepage schaffen wir eine zentrale Ressource, die nicht nur Wissen vermittelt, sondern auch die Gemeinschaft stärkt und die Umsetzung des Achtsamkeitsprogramms in unserer Organisation unterstützt. Es ist ein Schritt hin zu einer achtsamen und resilienten Unternehmenskultur, die das Wohlbefinden und die Leistungsfähigkeit unserer Mitarbeitenden fördert.

Unsere Erkenntnisse 4

4.1 Ergebnisse des Offenburger Programms

Die laufende Evaluation des Achtsamkeitsprogramms zeigt überwältigend positive Ergebnisse und weist auf den nachhaltigen Nutzen dieser Initiative hin. Viele Teilnehmer berichten von einer deutlichen Verbesserung ihres Wohlbefindens, was sich in einer besseren Work-Life-Balance widerspiegelt. Die Achtsamkeitsübungen fördern die Kreativität der Mitarbeiter, indem sie ihnen helfen, neue Perspektiven zu entwickeln und innovative Lösungsansätze zu finden. Darüber hinaus berichten viele Teilnehmer von einer verbesserten Konzentrationsfähigkeit, die zu einer höheren Produktivität am Arbeitsplatz beiträgt.

Ein weiterer bemerkenswerter Vorteil des Programms ist der verbesserte Umgang mit Stress. Durch die Achtsamkeitsübungen erlernen die Teilnehmer Techniken, um mit herausfordernden Situationen besser umzugehen und eine innere Ruhe zu bewahren. Dadurch wird auch ihre Resilienz gestärkt und sie können besser auf Herausforderungen reagieren. Führungskräfte berichten, dass sie durch die Achtsamkeitspraxis einfühlsamer und effektiver führen können, was zu einer positiveren Teamdynamik und einem harmonischeren Arbeitsklima führt (siehe Abb. 4.1).

Diese Beobachtungen und die individuellen Rückmeldungen verdeutlichen die vielfältigen Vorteile des Achtsamkeitsprogramms. Zwar variieren die Erfahrungen von Person zu Person und es braucht eine kontinuierliche Praxis, um die langfristigen Auswirkungen in vollem Umfang zu erkennen. Die folgenden persönlichen Statements von Teilnehmerinnen und Teilnehmern geben jedoch einen tiefen Einblick in ihre Erfahrungen und die Auswirkungen des Programms auf ihren beruflichen und persönlichen Alltag: Normal,Achtsamkeit

R. Renter, *Achtsamkeit in der Polizei*, essentials, https://doi.org/10.1007/978-3-658-46290-1_4

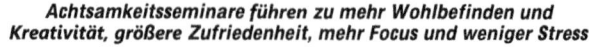

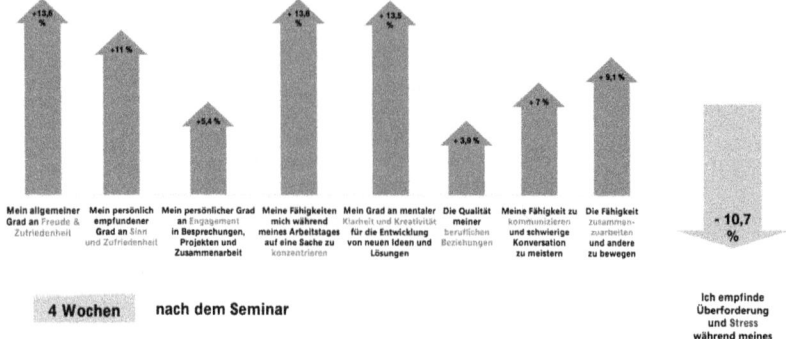

Abb. 4.1 Ergebnisse der Umfragen bei den Teilnehmenden

„Hallo zusammen,

ich möchte mich nochmals herzlichst für das tolle Seminar bedanken. Es war einfach umwerfend und absolut gewinnbringend. Das Seminar ist für jede(n) Mitarbeiter(in) ein Gewinn.

Macht weiter so!!! "

Teilnehmerin aus dem Einstiegsseminar

„Ich hatte das große Glück beim Einstiegsseminar teilnehmen zu dürfen und bin total begeistert. Die Mädels haben es vom ersten Moment an geschafft, eine Wohlfühlatmosphäre zu schaffen und jeden einzelnen Teilnehmer (so unterschiedlich ein jeder auch sein mag) mitzunehmen und zu integrieren. Die erlernten Methoden helfen mir noch heute (2 Jahre später), sowohl dienstlich als auch privat, wenn es um die Bewältigung von stressigen Phasen geht oder ich einfach mal „abschalten" und mich sammeln will. Ein absoluter „Game changer" und sowas innerhalb der Polizei – einfach mega! Tausend Dank für dieses tolle Konzept. Ich freu mich auf mehr!"

Teilnehmerin aus dem Einstiegsseminar

„Der Blick nach innen stärkt mich nach außen.

Die eigene Ausgeglichenheit gleicht manche schwierige dienstliche Situation aus. "

Teilnehmer am Einstiegsseminar

„Achtsamkeit – Einstiegsseminar. Im Kloster in Bühl hatte ich meinen ersten Berührungspunkt mit dem Thema Achtsamkeit. Ich lernte dort die Grundlagen der Achtsamkeit und mir wurden in den beiden Tagen verschiedene Möglichkeiten aufgezeigt, wie ich meinen Alltag mit mehr Achtsamkeit gestalten kann. Ich bin dankbar, dass ich dieses Seminar besuchen und mich dadurch weiterentwickeln konnte.

Den MBSR-Kurs habe ich als durchweg positive Erfahrung wahrgenommen. In den 8 Wochen konnte ich viel über mich selbst und über meine Wahrnehmung lernen. Einige Methoden kann ich auch heute noch im Alltag einsetzen, um mir selbst Momente der Achtsamkeit zu schenken. "

Teilnehmerin am Einstiegsseminar und MBSR-Kurs

„Einstiegsseminar Achtsamkeit: Das Seminar hat mich mit dem Thema Achtsamkeit das erste Mal in Verbindung gebracht. Ich bekam vor Augen gehalten, dass ich mit verschiedenen Ansätzen mehr auf mich und meine Umgebung achten konnte. Man bekam von euch schöne Impulse, um seine Sichtweisen zu verändern und mental gestärkt aus diesen zwei Tagen herauszugehen.

MBSR-Kurs: Durch den Kurs gelingt es mir besser durch den Alltag im Geschäft und auch zu Hause zu kommen.

Kleine Übungen zwischendurch und kurze Pausen, um wieder bei mir und im Hier und Jetzt anzukommen, fördern meine Stressresistenz. Es gibt immer noch viel Arbeit und oft auch stressige Situationen oder Konflikte, doch ich werde davon nicht mehr so leicht aus der Ruhe gebracht wie früher.

Vielen Dank für deine tolle Arbeit. "

Teilnehmer am Einstiegsseminar und MBSR-Kurs

„MBSR: hat meinen Blick auf Achtsamkeit nochmal völlig verändert.

Einstieg: Eine unglaubliche Bereicherung. Hat mich voll abgeholt.

Aufbauseminar: Herausfordernde Erfahrung mit sehr viel Tiefgang. "

Teilnehmer an allen drei Seminaren

„Einstiegsseminar: „Ich habe gemerkt, dass ich das Thema „Achtsamkeit" bereits mehr in meinem Alltag/Leben integriert hatte, als mir bewusst war. Supertolles Seminar mit gewinnbringenden Inhalten und Übungen, die das komplexe spannende Thema greifbarer und verständlicher machen.

Wertvolle Tipps, die sich einfach in den Alltag integrieren lassen.

Durch das Aufbauseminar habe ich nochmals mehr zum Thema erfahren und mitnehmen können. Meine Sicht auf Dinge, Gedanken und Menschen hat sich geändert, mich insgesamt ruhiger und reflektierter werden lassen und mir somit den Umgang mit meinen Mitmenschen/Situationen erleichtert, da ich Dinge anders reflektiere kann und nicht auf mich projiziere. Ich erlebe mehr Zufriedenheit, Entspannung und Dankbarkeit.

„Der MBSR-Kurs hat mir ungemein geholfen, mit Stress umzugehen. Ich habe gelernt, aufkommenden Stress durch Achtsamkeit zu reduzieren, viel mehr auf mich und meine Bedürfnisse einzugehen und Grenzen zu setzen.

Man lernt sich selbst nochmal ganz anders kennen, entdeckt spannende Seiten an sich und anderen und findet Mittel und Wege, mit jedem Thema/jedem Menschen umgehen zu können. „Alles beginnt in dir" diese „Macht" über das eigene Leben, Handeln und Sein wird einem in jeder Session nochmals verdeutlicht und sorgt für mehr Gelassenheit, Zufriedenheit und Resilienz.

Selbstverantwortung und Selbstfürsorge sind zwei große Themen gewesen, die mich gefesselt haben. Ich kann den Kurs jedem von Herzen empfehlen. Lasst euch darauf ein, es ist eine Reise zu euch, eurer Umwelt, Mitmenschen und macht das Leben leichter und angenehmer. An manchen Tagen fühle ich mich unbesiegbar, danke für alles!"

Teilnehmer an allen drei Seminaren

„Achtsamkeit? Was ist das? Wieder was Neues von „Oben"?

Mit diesen Fragen befassten sich die Beschäftigten des Polizeipräsidiums Offenburg vor einigen Jahren als ihr damaliger Chef, Herr Polizeipräsident a. D. Reinhard Renter, die Thematik zur „Chefsache" erklärte.

Ausgangspunkt war die stark belastende Polizeiarbeit in den unterschiedlichsten Ausprägungsformen, die letztendlich Konsequenzen auf die Gesamtorganisation hatte. Ziel des Achtsamkeitsprogramms war es, Kreativität zu steigern sowie Arbeitsbeziehungen zu verbessern, um Fehlzeiten und krankheitsbedingte Ausfälle zu vermeiden. Stress und Überforderung in einer sich ständig steigernden digitalen Arbeitswelt sollen minimiert werden.

Die angebotenen Achtsamkeitsseminare in Form von zweitägigen Aufbau- bzw. Fortführungsveranstaltungen sind schnell ausgebucht und erfreuen sich sehr großer Beliebtheit bei den Beschäftigten des PP Offenburg.

Ich persönlich habe vor ca. 1 Jahr mit zwei langjährigen Weggefährten ein Seminar besucht. Alles sogenannte „Alte Hasen", die nichts mehr schreckt. Aber auch den älteren Herren mit über 120 Dienstjahren in der Summe hat das Seminar „gutgetan".

Uwe Holzer
Vorsitzender des Personalrats beim
Polizeipräsidium Offenburg

„Wir vom Team Achtsamkeit sind dankbar, dass unser Programm nach wie vor sehr gut angenommen wird und die angebotenen Seminare immer ausgebucht sind. Wir freuen uns, dass wir das Programm weiterentwickeln konnten und neben dem 2-tägigen Einstiegseminar jetzt auch ein 2-tägiges Aufbauseminar sowie einen 8-wöchigen MBSR-Kurs anbieten können.

Die durchweg positiven Rückmeldungen machen uns deutlich, dass wir genau auf dem richtigen Weg sind und das Thema Achtsamkeit für unsere KollegInnen eine wertvolle Unterstützung in ihrem täglichen Leben darstellt. Das ist für uns die beste Motivation – wir bleiben dran."

Team Achtsamkeit

4.2 Erfolgsfaktoren für die Einführung eines Achtsamkeitsprogramms

Die erfolgreiche Implementierung eines Achtsamkeitsprogramms in einer Organisation erfordert die Berücksichtigung verschiedener Erfolgsfaktoren. Diese Faktoren basieren auf unseren eigenen Erfahrungen und Best Practices von Unternehmen wie SAP, Daimler, Allianz und Bosch, die bereits seit Jahren erfolgreich Achtsamkeitsinitiativen umsetzen.

Engagement und Unterstützung des Managements
Eine starke und sichtbare Unterstützung durch das Top-Management ist unerlässlich. Die Führungskräfte müssen das Programm nicht nur unterstützen, sondern auch aktiv daran teilnehmen und Achtsamkeit in ihre eigene Praxis integrieren. Dies schafft Glaubwürdigkeit und signalisiert den Mitarbeitern die Wichtigkeit der Initiative.

Einbindung in die Unternehmenskultur
Achtsamkeit sollte als integraler Bestandteil der Unternehmenskultur verstanden werden. Das bedeutet, dass Achtsamkeit in den täglichen Arbeitsabläufen und in der Wertekultur der Organisation verankert sein muss. Eine gelebte Kultur der Achtsamkeit fördert das Wohlbefinden, die Zusammenarbeit und die Innovationsfähigkeit der Mitarbeitenden.

Ausbildung und Qualifizierung der Trainerinnen und Trainer
Ein wichtiger Erfolgsfaktor für die Beeinflussung der Organisationskultur durch Achtsamkeit ist der Aufbau einer internen Gemeinschaft von Achtsamkeitstrainern

(Bostelmann, 2024). Die Trainer müssen über fundierte Kenntnisse in Acht-
samkeitstechniken verfügen und in der Lage sein, diese effektiv zu vermitteln.
Hochqualifizierte Trainer stellen sicher, dass die Qualität und Konsistenz des
Programms hoch bleiben.

Ressourcen und Räumlichkeiten
Personal, Ausstattung, die Einrichtung eines „Raumes für mich" und das Angebot
von kostenlosen Achtsamkeitsseminaren für die Mitarbeiterinnen und Mitarbeiter
in den Klöstern waren Voraussetzung für die Akzeptanz und auch ein deutliches
Zeichen meinerseits für die Wichtigkeit dieses Programms und auch Wertschätzung
und Vertrauen für das Engagement der Trainerinnen und Trainer.

Messbare Ergebnisse und kontinuierliche Evaluierung
Die Wirksamkeit des Achtsamkeitsprogramms muss durch regelmäßige Evaluation
und Messung der Ergebnisse nachgewiesen werden. Dies hilft, den Erfolg des Pro-
gramms zu dokumentieren und notwendige Anpassungen vorzunehmen. Wichtige
Metriken können Stressreduktion, Qualitätssteigerung und verbesserte emotionale
Intelligenz sein.

Förderung einer Graswurzelinitiative
Neben der Unterstützung durch das Management sollte auch die aktive Beteiligung
der Mitarbeiter gefördert werden. Achtsamkeit sollte als Graswurzelinitiative eingeführt und unterstützt werden, bei der engagierte Mitarbeiter eine zentrale Rolle
spielen. Dies stärkt das Engagement und die Akzeptanz des Programms in der
gesamten Organisation.

Wertschätzung, Vertrauen und Respekt
Die Kultur des Achtsamkeitsprojekts ist tief verwurzelt in Wertschätzung, Vertrauen
und Respekt. Jeder Mitarbeiter und jede Mitarbeiterin wird aktiv ermutigt, sich als
geschätztes und respektiertes Mitglied der Organisation zu fühlen, unabhängig von
seiner/ihrer Rolle oder Position. Das Management zeigt sein nachhaltiges Vertrauen
in die Fähigkeiten und das Potenziale jedes Einzelnen, indem es nicht nur die Teilnahme am Achtsamkeitsprogramm fördert, sondern auch die praktische Anwendung
im Arbeitsalltag aktiv unterstützt und vorlebt. Dieses von den Führungskräften vor-
gelebte Vertrauen bildet die Grundlage, auf der jeder Mitarbeiter ermutigt wird,
die transformativen Praktiken der Achtsamkeit selbstbewusst zu erforschen und in
seinen Arbeitsalltag zu integrieren.

Kommunikation und Bewusstseinsbildung
Ein wertschätzender und umfassender Kommunikationsansatz ist der Schlüssel, um das Bewusstsein für das Achtsamkeitsprogramm zu schärfen und eine breite und engagierte Teilnahme zu fördern. Das Management spielt dabei eine aktive Rolle, indem es regelmäßige Informationsveranstaltungen nicht nur unterstützt, sondern auch persönlich daran teilnimmt. Durch die Nutzung vielfältiger interner Kommunikationskanäle wird sichergestellt, dass alle Mitarbeiterinnen und Mitarbeiter, unabhängig von Position und Funktion, gleichermaßen erreicht und zur Teilnahme ermutigt werden. Diese offene und vertrauensvolle Kommunikation unterstreicht den Respekt für die individuellen Bedürfnisse und Erfahrungen aller Mitarbeiterinnen und Mitarbeiter und signalisiert das Vertrauen des Managements in den Wert, den jeder Einzelne durch seine Teilnahme am Achtsamkeitsprogramm für die Organisation schafft.

Die erfolgreiche Einführung von Achtsamkeitsprogrammen in der Polizei erfordert eine ganzheitliche Strategie, die auf Wertschätzung, Vertrauen und Respekt basiert. Zentrale Elemente sind das aktive Engagement der Führungsebene, die Förderung von Bewusstsein und Akzeptanz auf allen Ebenen, die Ausbildung qualifizierter Trainerinnen und Trainer aus den eigenen Reihen, die nahtlose Integration in den Arbeitsalltag sowie die Bereitstellung der notwendigen Ressourcen. Entscheidend sind auch eine kontinuierliche Begleitung und eine transparente Evaluation, die die Erfahrungen aller Beteiligten respektvoll einbezieht. Nur durch ein solch umfassendes und von gegenseitigem Vertrauen geprägtes Programm können die vielfältigen Vorteile von Achtsamkeit für die gesamte Organisation und jeden einzelnen Mitarbeiter voll ausgeschöpft und nachhaltig verankert werden.

Verankerung von Achtsamkeit in der Polizeikultur

5.1 Vision für eine Kultur der Achtsamkeit

Meine Vision ist es, Achtsamkeit zu einem Teil der Unternehmenskultur zu machen. Es geht darum, ein Arbeitsumfeld zu schaffen, in dem alle Mitarbeiterinnen und Mitarbeiter nicht nur effizient und produktiv, sondern auch zufrieden und gesund sind. Diese Kultur fördert Bewusstheit und die Präsenz im gegenwärtigen Moment, unterstützt emotionale Intelligenz und schafft Raum für Empathie und Mitgefühl. Eine achtsame Unternehmenskultur zielt darauf ab, das Wohlbefinden der Mitarbeiterinnen und Mitarbeiter in den Mittelpunkt zu stellen und gleichzeitig die Geschäftsergebnisse zu verbessern. Im Gegensatz zu früher, als der Fokus oft auf Effizienz und Produktivität lag, erkennen Unternehmen heute, dass das Wohlbefinden der Mitarbeiter direkt mit ihrer Leistungsfähigkeit und Kreativität zusammenhängt. Achtsamkeitsprogramme und -trainings werden in vielen großen Unternehmen integriert, um die psychische Gesundheit und das emotionale Gleichgewicht der Mitarbeiter zu fördern.

5.2 Der Weg zu einer neuen Kultur: Vom Programm zum Kulturwandel

Die Integration von Achtsamkeit in eine Organisation, insbesondere in eine Polizeiorganisation, erfordert einen strukturierten und langfristigen Ansatz. Der Übergang von isolierten Achtsamkeitsprogrammen hin zu einer umfassenden Achtsamkeitskultur kann in mehreren Schritte erreicht werden. Zunächst müssen Bewusstsein und Engagement durch Aufklärung und Sensibilisierung geschaffen werden. Dies kann durch Aufklärungskampagnen und Workshops geschehen,

R. Renter, *Achtsamkeit in der Polizei*, essentials, https://doi.org/10.1007/978-3-658-46290-1_5

wobei Führungskräfte eine entscheidende Rolle spielen, indem sie sich öffentlich zu Achtsamkeitsinitiativen bekennen und mit gutem Beispiel vorangehen.

Ein weiterer wichtiger Punkt war meine Rolle als Moderator bei einer Klausurtagung im Jahr 2021 mit allen Präsidenten und den verantwortlichen Führungskräften des Innenministeriums zum Thema "Führungs- und Wertekultur". Ziel dieser Klausurtagung, die ich gemeinsam mit der Polizeipsychologin Jana Schmidt vom Polizeipräsidium Einsatz moderieren durfte, war es, ein Commitment über die bisherige Auseinandersetzung mit dem Komplex Führungs- und Wertekultur zu erreichen, bestehende Instrumente zu evaluieren und möglichen Anpassungsbedarf zu identifizieren. Aus einer Vielzahl von Werten haben wir eine Wertehierarchie erstellt, den Reifegrad dieser Werte innerhalb der Polizei Baden-Württemberg ermittelt, geeignete Instrumente zur Umsetzung entwickelt und erfolgskritische Faktoren definiert. Diese Erfahrungen haben wesentlich dazu beigetragen, den Wert und die Bedeutung von Achtsamkeit in unserer Organisationskultur zu stärken und zu fördern.

Zur strukturellen Integration gehören regelmäßige Trainings und Workshops sowie die Integration von Achtsamkeitspraktiken in den Arbeitsalltag, z. B. durch kurze Achtsamkeitspausen oder spezielle Rückzugsräume. Führungskräfte sollten Achtsamkeit selbst praktizieren und in ihren Führungsstil integrieren, um als Vorbild zu wirken und die Akzeptanz der Mitarbeiter zu fördern. Zur kulturellen Anpassung gehört die Schaffung eines offenen und vertrauensvollen Arbeitsumfeldes, das psychologische Sicherheit bietet und durch transparente Kommunikation unterstützt wird.

Regelmäßige Evaluationen und Feedbackrunden sind notwendig, um den Fortschritt und die Akzeptanz von Achtsamkeitsprogrammen zu messen. Auf dieser Basis können die Programme kontinuierlich angepasst und verbessert werden. Langfristiges Engagement und kontinuierliche Unterstützung durch das Management sind entscheidend, um eine nachhaltige Achtsamkeitspraxis zu fördern und Rückfälle in alte Verhaltensweisen zu vermeiden.

5.3   Verankerung von Achtsamkeit und Emotionaler Intelligenz in der Organisation

Die dauerhafte Etablierung von Achtsamkeit und emotionaler Intelligenz in einer Organisation erfordert eine strategische und umfassende Herangehensweise. Eine strukturelle Verankerung kann durch die Institutionalisierung von Achtsamkeits- und emotionalen Intelligenzprogrammen als festen Bestandteil der Organisationsstruktur erfolgen. Regelmäßige Trainings sollten kontinuierlich angeboten werden, um die Fähigkeiten der Mitarbeiter zu vertiefen. Führungskräfte spielen eine Schlüsselrolle und sollten als Vorbilder agieren, regelmäßige Achtsamkeitstrainings absolvieren und aktiv deren Anwendung fördern.

Die Integration in den Arbeitsalltag kann durch tägliche oder wöchentliche Achtsamkeitsrituale, wie gemeinsame Meditationssitzungen oder Achtsamkeitspausen, erfolgen. Zudem sollten physische Räume geschaffen werden, in denen Mitarbeiter Achtsamkeitsübungen durchführen können. Kontinuierliche Evaluierung und Anpassung der Programme sind notwendig, um den Fortschritt und die Effektivität der Achtsamkeitsinitiativen zu messen und stetig zu verbessern.

Nach Jahren konsequenter Arbeit und des Engagements vieler Beteiligter kann ich mit Zuversicht sagen, dass das Polizeipräsidium Offenburg auf dem Weg zu einer achtsamen Organisation ein gutes Stück vorangekommen ist. Achtsamkeit ist heute nicht mehr nur ein Programm oder eine Initiative, sondern beginnt sich tief in unserer täglichen Arbeit und Kultur zu verankern. Die positiven Rückmeldungen und messbaren Erfolge, die wir durch regelmäßige Evaluationen erhalten, zeigen deutlich, dass die Praxis der Achtsamkeit bei vielen Mitarbeiterinnen und Mitarbeitern einen festen Platz eingenommen hat.

Es bleibt jedoch festzuhalten, dass dieser Wandel nicht zuletzt von einer starken Unterstützung und aktiven Beteiligung unserer Führungskräfte abhängt, die heute noch nicht flächendeckend vorhanden ist. Gerade die derzeitige Behördenleitung, die die Vorteile der Achtsamkeit nicht nur erkannt hat, sondern diese auch im Arbeitsalltag vorlebt, ist hier ein starker Motor. Für die weitere Absicherung des Veränderungsprozesses wird ein kompetenter Koordinator mit entsprechenden Kompetenzen entscheidend sein, der die Weiterentwicklung des Gesamtprojektes verantwortlich steuert.

6.1 Einführung in Achtsamkeitspraxis

Was ist Achtsamkeit?

Achtsamkeit, oft auch Mindfulness genannt, ist die Praxis, die Aufmerksamkeit bewusst auf den gegenwärtigen Moment zu richten, ohne ihn zu bewerten. Es geht darum, Gedanken, Gefühle und körperliche Empfindungen so anzunehmen, wie sie sind, ohne sie zu verdrängen oder sich von ihnen mitreißen zu lassen. Diese bewusste Wahrnehmung hilft, ein tieferes Verständnis und eine größere Akzeptanz für das eigene Erleben zu entwickeln.

Nutzen von Achtsamkeitsübungen

Achtsamkeitsübungen bieten zahlreiche Vorteile für Körper und Geist, die durch wissenschaftliche Studien belegt sind. Zu den wichtigsten Vorteilen zählen:

Stressreduktion:

Achtsamkeit hilft, Stress abzubauen, indem sie die Fähigkeit verbessert, mit stressigen Situationen umzugehen und negative Reaktionen zu reduzieren.

Emotionale Stabilität:

Regelmäßige Achtsamkeitspraxis fördert die Regulierung von Emotionen und reduziert Symptome von Angst und Depression.

Verbesserte Konzentration:

Durch das Training der Aufmerksamkeit verbessert Achtsamkeit die Fähigkeit, sich auf Aufgaben zu konzentrieren und Ablenkungen zu widerstehen.

© Der/die Autor(en), exklusiv lizenziert an Springer Fachmedien Wiesbaden GmbH, ein Teil von Springer Nature 2024
R. Renter, *Achtsamkeit in der Polizei*, essentials,
https://doi.org/10.1007/978-3-658-46290-1_6

Erhöhte Resilienz:
Achtsamkeit stärkt die innere Widerstandskraft gegenüber Herausforderungen und Belastungen.

Besserer Schlaf:
Viele Praktizierende berichten von einer verbesserten Schlafqualität durch die beruhigende Wirkung von Achtsamkeitsübungen.

Körperliches Wohlbefinden:
Achtsamkeit kann chronische Schmerzen lindern und das allgemeine körperliche Wohlbefinden verbessern.

Allgemeine Tipps für die Praxis
Um die Achtsamkeitspraxis effektiv und nachhaltig zu gestalten, können die folgenden Tipps hilfreich sein:

Regelmäßigkeit:
Täglich üben, auch wenn es nur wenige Minuten sind. Regelmäßigkeit ist wichtiger als die Länge der einzelnen Sitzungen.

Ort und Zeit wählen:
Finden Sie einen ruhigen Ort und eine feste Zeit, die sich gut in Ihren Tagesablauf integrieren lässt. Ein fester Ort und eine feste Zeit helfen, die Übung zur Gewohnheit werden zu lassen.

Fangen Sie kurz an:
Beginnen Sie mit kurzen Sitzungen von 5–10 min und verlängern Sie diese allmählich, wenn Sie sich wohler fühlen.

Geduld und Freundlichkeit:
Seien Sie geduldig und freundlich zu sich selbst. Es ist normal, dass die Gedanken abschweifen. Es ist wichtig, dies ohne Selbstkritik zu bemerken und die Aufmerksamkeit sanft zurückzuholen.

Integrieren Sie Achtsamkeit in Ihren Alltag:
Versuchen Sie, bei alltäglichen Aktivitäten wie Essen, Gehen oder Zuhören achtsam zu sein.

Suchen Sie Unterstützung:
Geführte Meditationen oder Achtsamkeits-Apps erleichtern den Einstieg. Kurse und Gruppen können zusätzliche Motivation und Unterstützung bieten.

Fazit

Die Einführung in Achtsamkeitsübungen bietet eine solide Grundlage, um die Praxis in den Alltag zu integrieren und von den vielfältigen Vorteilen zu profitieren. Durch eine bewusste und regelmäßige Praxis kann Achtsamkeit zu einer wertvollen Ressource für mehr Wohlbefinden und Lebensqualität werden.

6.2   Achtsamkeitsübungen rund um Meetings (Schulz, 2019)

Mit einfachen Übungen kann jeder Schritt für Schritt mehr Achtsamkeit in seinen Alltag integrieren:

Eine Minute zum Ankommen

Für eine erfolgreiche Besprechung ist es wichtig, sich voll und ganz auf sein Gegenüber zu konzentrieren. Wer gedanklich noch beim letzten Telefonat oder schon bei der nächsten Präsentation ist, hat damit Schwierigkeiten.

Deshalb ist es ratsam, sich und dem Gesprächspartner zu Beginn eines Meetings eine Minute der Stille zu gönnen. Aufrecht sitzen, bewusst ein- und ausatmen, aufkommende Gedanken beiseite schieben – danach geht es konzentrierter weiter.

Drei Atemzüge

Termine nahen, der Frust wächst – in solchen Momenten schießen negative Gedanken gerne durch den Kopf. Statt im Affekt zu handeln und den Frust an anderen auszulassen, kann man üben, mit allem, was man gerade tut, innezuhalten und dreimal tief ein- und auszuatmen. Diese Übung hilft, die Anspannung loszulassen und über eine Lösung nachzudenken.

Achtsam gehen

Von einer Besprechung zur nächsten hetzen und beim Gehen in Gedanken den Tag planen – das lässt den Kopf ständig auf Hochtouren laufen. Bei dieser Übung geht es darum, Wege für mentale Pausen zu nutzen. Indem man die Geschwindigkeit reduziert und bewusst einen Schritt vor den anderen setzt, richtet man seine ganze Aufmerksamkeit auf die eigene Bewegung. Im Meeting angekommen, fühlt man sich konzentrierter und wacher.

6.3   Acht Achtsamkeitstipps für den Alltag (AXXA, 2024)

„Tipp 1: Drei bewusste Atemzüge vor dem Aufstehen
Springen Sie morgens nicht wie gewohnt automatisch aus dem Bett, wenn der Wecker klingelt, sondern halten Sie vor dem Aufstehen Körper und Geist einen Moment lang inne und machen Sie drei ruhige, bewusste Atemzüge. So können Sie Ihren Geist gleich zu Beginn des Tages ein wenig Konzentration lehren.

Tipp 2: Meditieren beim Gehen
Beobachten Sie Ihre Atmung, während Sie in Ihrem normalen Tempo gehen. Lernen Sie dabei, Ihre Atmung mit Ihrer Bewegung zu koordinieren, z. B. drei Schritte lang ausatmen und drei Schritte lang einatmen. Beobachten Sie auch, wie sich Ihre Beine und Füße heben und senken. Wie fühlt sich der Bodenkontakt an? Wenn Ihre Gedanken abschweifen oder Sie zu hetzen beginnen, lenken Sie Ihre Aufmerksamkeit sanft auf das Gehen und Atmen zurück.

Tipp 3: Achtsam essen
Nehmen Sie sich einen Moment Zeit, bevor Sie mit dem Essen beginnen. Betrachten Sie das, was auf Ihrem Teller liegt, mit Wertschätzung und machen Sie sich bewusst, wie viel Mühe und Energie in diesem Gericht stecken. Achten Sie genau auf Ihre Hand, wenn Sie den Löffel oder die Gabel zum Mund führen. Spüren Sie, wie es sich anfühlt, den ersten Bissen in den Mund zu nehmen. Schmeckt es süß, scharf, bitter? Genießen Sie jeden einzelnen Bissen bewusst.

Tipp 4: Drei Dinge achtsam tun
Suchen Sie sich aus Ihrem Alltag am Arbeitsplatz oder zu Hause drei Dinge aus, die Sie normalerweise tun, ohne darüber nachzudenken: z. B. den Geschirrspüler einräumen, ans Telefon gehen, eine E-Mail schreiben, die Arbeitskleidung anziehen etc. In Zukunft werden Sie diese Tätigkeiten mit konzentrierter Aufmerksamkeit ausführen: Machen Sie sich zunächst bewusst, was Sie tun wollen. Atmen Sie dann einmal bewusst ein und aus, bevor Sie die entsprechende Tätigkeit ruhig und konzentriert ausführen.

Tipp 5: Lass das Telefon klingeln
Das plötzliche Klingeln des Telefons reißt uns meist aus einer anderen Tätigkeit und löst so schnell inneren Stress aus. Gewöhnen Sie sich an, nicht sofort reflexartig zum Hörer zu greifen, wenn das Telefon klingelt. Halten Sie einen Moment inne, atmen Sie zwei- bis dreimal tief durch und nehmen Sie erst dann den Hörer ab.

Tipp 6: Warten zum Meditieren nutzen
Nutzen Sie Wartesituationen im Alltag – also zum Beispiel rote Ampeln, die Schlange an der Supermarktkasse oder das Wartezimmer beim Arzt –, um Ihre Aufmerksamkeit auch zwischendurch immer wieder auf Ihren Atem zu lenken.

Tipp 7: Dem Atem folgen
Nehmen Sie eine bequeme Sitzposition ein und beobachten Sie 10 bis 15 min lang Ihren Atem. Achten Sie darauf, wie die Luft durch Ihre Nasenlöcher strömt und wie sich Ihr Bauch beim Ein- und Ausatmen hebt und senkt. Wenn Ihre Gedanken abschweifen, lenken Sie Ihre Aufmerksamkeit sanft wieder auf Ihre Atmung.

Tipp 8: Abends nachdenken
Denken Sie abends vor dem Einschlafen noch einmal darüber nach, wann und wo es Ihnen am Tag besonders gut gelungen ist, achtsam zu sein. Was haben Sie in diesen Momenten gedacht und gefühlt? Wo hätten Sie noch achtsamer sein können?"

6.4 Achtsame Pausen (Wolf, 2022)

Achtsame Pausen sind kurze Unterbrechungen während des Arbeitstages, die speziell dazu dienen, den Geist zu klären und Stress abzubauen. Diese Pausen dauern in der Regel nur ein bis zwei Minuten und können mehrmals am Tag eingelegt werden. Sie helfen dabei, die Konzentration und Produktivität zu steigern, indem sie den Geist erfrischen und den Körper entspannen.

Anleitung
Schritt 1: Vorbereitung
Wählen Sie einen Zeitpunkt: Planen Sie alle 1–2 h eine kurze Pause ein.
    Umgebung: Suchen Sie sich einen ruhigen Ort, an dem Sie ungestört sind, sei es Ihr Schreibtisch oder ein separater Raum.

Schritt 2: Durchführung
Körperhaltung: Setzen Sie sich bequem hin, mit geradem Rücken und beiden Füßen flach auf den Boden.
    Atemfokus: Schließen Sie die Augen und beginnen Sie, tief ein- und auszuatmen. Konzentrieren Sie sich dabei auf Ihre Atmung.
    Den Atem beobachten: Spüren Sie, wie die Luft durch die Nase einströmt, die Lungen füllt und wieder ausströmt. Versuchen Sie, den Atem nicht zu verändern, sondern ihn nur zu beobachten.

Gedanken loslassen: Wenn Ihre Gedanken abschweifen, nehmen Sie dies einfach wahr und bringen Sie Ihre Aufmerksamkeit sanft zum Atem zurück.

Dauer: Machen Sie diese Übung 1–2 min lang.

Schritt 3: Zurück zur Arbeit.

Bewusst bleiben: Bevor Sie die Augen öffnen und wieder an die Arbeit gehen, nehmen Sie sich einen Moment Zeit, um das Gefühl der Ruhe und Klarheit zu genießen.

Fortsetzen: Öffnen Sie langsam die Augen und nehmen Sie Ihre Arbeit wieder auf, während Sie versuchen, die achtsame Haltung beizubehalten.

Nutzen

Stress abbauen:

Achtsame Pausen helfen, den Stresspegel zu senken, indem sie den Geist beruhigen und dem Körper ermöglichen, sich zu entspannen. Diese kurzen Momente der Achtsamkeit unterbrechen den Stresskreislauf und fördern ein Gefühl der Ruhe.

Verbesserung der Konzentration:

Durch regelmäßige Achtsamkeitspausen wird die Konzentrationsfähigkeit gestärkt. Indem der Geist immer wieder zur Ruhe kommt, wird die geistige Klarheit erhöht, was zu einer besseren Fokussierung auf die anstehenden Aufgaben führt.

Die Produktivität steigt:

Beschäftigte, die achtsame Pausen in ihren Arbeitsalltag integrieren, berichten von einer erhöhten Produktivität. Die kurzen Erholungspausen ermöglichen es, mit frischer Energie und klarem Kopf weiterzuarbeiten.

Bessere emotionale Stabilität:

Achtsame Pausen fördern die emotionale Stabilität, indem sie helfen, Gefühle von Überforderung und Stress abzubauen. Dies führt zu einem ausgeglicheneren und stabileren emotionalen Zustand.

6.5   Die 4-7-8 Atemtechnik (Rehberg, 2024)

Die 4-7-8 Atemtechnik ist eine einfache und effektive Methode, um Entspannung zu fördern und Stress abzubauen. Hier eine Schritt-für-Schritt-Anleitung:

Schritt 1: Vorbereitung

Setzen oder legen Sie sich bequem hin, mit geradem Rücken und entspannten Schultern.

Schließen Sie die Augen und atmen Sie zur Entspannung tief ein und aus.

Schritt 2: Einatmen

Atmen Sie ruhig durch die Nase ein und zählen Sie bis 4.

Schritt 3: Atem anhalten

Halten Sie den Atem an, während Sie bis 7 zählen.

Schritt 4: Ausatmen

Atmen Sie langsam und vollständig durch den Mund aus und zählen Sie dabei bis 8. Machen Sie beim Ausatmen einen leisen, hörbaren Ton.

Schritt 5: Wiederholung

Wiederholen Sie diesen Zyklus insgesamt viermal, vor allem zu Beginn der Übung. Mit der Zeit können Sie die Anzahl der Zyklen erhöhen.

▷ **Tipp**
Üben Sie diese Technik zweimal täglich, um die besten Ergebnisse zu erzielen. Regelmäßiges Üben kann zu einer tieferen Entspannung und einem besseren Schlaf beitragen.

6.6   Die Bauchatmung (Ziegler, 2023)

Die Bauchatmung (oder Zwerchfellatmung) ist eine einfache Methode, um die Atmung zu vertiefen und die Lungenkapazität zu erhöhen. Sie hilft, Stress abzubauen und die Sauerstoffversorgung zu verbessern.

Schritt 1: Vorbereitung

Setzen oder legen Sie sich bequem hin, mit geradem Rücken und entspannten Schultern.

Legen Sie eine Hand auf den Bauch und die andere auf die Brust, um die Atembewegung besser spüren zu können.

Schritt 2: Einatmen

Atmen Sie langsam und tief durch die Nase ein. Lassen Sie dabei den Bauch sich nach außen wölben, während sich die Lungen mit Luft füllen. Achten Sie darauf, dass sich der Brustkorb dabei so wenig wie möglich bewegt.

Schritt 3: Ausatmen

Atmen Sie langsam und vollständig durch den Mund aus. Lassen Sie dabei den Bauch dabei zurück in Richtung Wirbelsäule sinken, während sich die Lungen entleeren.

Schritt 4: Wiederholung

Wiederholen Sie diesen Atemzyklus für 5–10 min lang. Konzentrieren Sie sich darauf, die Atmung gleichmäßig und tief zu halten.

▷   **Tipp**

Üben Sie die Bauchatmung regelmäßig, um eine natürliche und tiefere Atmung zu fördern. Diese Technik kann jederzeit angewendet werden, besonders in stressigen Situationen, um Ruhe und Gelassenheit zu finden.

6.7   Körperwahrnehmungsübung Body Scan (Hosang, 2024)

Beschreibung:

Der Body Scan ist eine Achtsamkeitsübung, bei der die Aufmerksamkeit schrittweise durch den ganzen Körper gelenkt wird. Diese Übung hilft, Spannungen zu erkennen und zu lösen und die Verbindung zum eigenen Körper zu stärken.

Anleitung:
Schritt 1: Vorbereitung

Legen Sie sich bequem auf den Rücken, auf eine Matte oder eine weiche Unterlage. Die Augen schließen und den Körper entspannen.

Schritt 2: Atemfokus

Beginnen Sie mit einigen tiefen Atemzügen, um sich zu zentrieren und zu entspannen. Tief durch die Nase einatmen und durch den Mund ausatmen.

Schritt 3: Aufmerksamkeit lenken
Richten Sie Ihre Aufmerksamkeit auf Ihre Füße. Spüren Sie bewusst die Empfindungen in den Zehen, am Fußrücken und an den Fußsohlen. Nehmen Sie sich Zeit, jedes Gefühl wahrzunehmen.

Wandern Sie langsam mit Ihrer Aufmerksamkeit über die Knöchel, Unterschenkel und Knie zu den Oberschenkeln. Spüren Sie jede Empfindung, die in diesen Bereichen auftritt.

Fahren Sie auf diese Weise fort, indem Sie Ihre Aufmerksamkeit Schritt für Schritt durch den ganzen Körper wandern lassen: Hüften, Unterbauch, Oberbauch, Brust, Rücken, Schultern, Arme, Hände, Nacken, Gesicht und Kopf.

Nehmen Sie jedes Gefühl wahr, ohne es zu bewerten. Wenn Ihre Gedanken abschweifen, bringen Sie Ihre Aufmerksamkeit sanft wieder zurück.

Schritt 4: Beenden
Beenden Sie den Body Scan, indem Sie einige Male tief durchatmen und sich langsam wieder Ihrer Umgebung bewusst werden. Öffnen Sie die Augen und kehren Sie sanft in Ihren Alltag zurück.

Nutzen:

- fördert Entspannung und Selbstwahrnehmung
- Hilft, körperliche Verspannungen zu erkennen und zu lösen
- Stärkt den Bezug zum eigenen Körper

6.8 Progressive Muskelentspannung nach Jacobson (Maierhofer et al. 2020)

Beschreibung:
Die Progressive Muskelentspannung ist eine Technik, bei der verschiedene Muskelgruppen abwechselnd angespannt und entspannt werden. Diese Übung hilft, körperliche Spannungen abzubauen und ein Gefühl tiefer Entspannung zu erreichen.

Anleitung:
Schritt 1: Vorbereitung
Setzen oder legen Sie sich bequem hin. Augen schließen und entspannen.

Schritt 2: Muskelgruppen anspannen
Beginnen Sie mit den Füßen. Spannen Sie die Fußmuskeln an, halten Sie die Spannung für ca. 5–7 s und lassen Sie dann wieder los. Konzentrieren Sie sich auf das Gefühl der Entspannung.

Arbeiten Sie sich langsam nach oben durch den Körper: Unterschenkel, Oberschenkel, Gesäß, Bauch, Brust, Rücken, Schultern, Arme, Hände, Nacken und Gesicht. Spannen Sie jede Muskelgruppe an, halten Sie die Spannung und lassen Sie dann los.

Schritt 3: Entspannung genießen
Nachdem Sie alle Muskelgruppen durchlaufen haben, nehmen Sie sich einige Minuten Zeit, um die vollständige Entspannung im ganzen Körper zu spüren. Atmen Sie ruhig und tief.

Schritt 4: Abschließen
Öffnen Sie langsam die Augen und kehren Sie sanft in Ihren Alltag zurück.

Nutzen:

- Reduziert körperliche Anspannung und Stress
- Fördert ein Gefühl tiefer Entspannung
- Verbessert das Körperbewusstsein

6.9   Meditative Übung: Sitzmeditation (evidero, 2024)

Beschreibung:
Die Sitzmeditation ist eine grundlegende Praxis der Achtsamkeit, bei der Sie still sitzen und Ihre Aufmerksamkeit auf den Atem oder ein Mantra richten. Diese Übung fördert die innere Ruhe und Konzentration.

Anleitung:
Schritt 1: Vorbereitung
Setzen Sie sich auf ein Meditationskissen oder einen Stuhl mit geradem Rücken. Die Hände können auf den Knien oder im Schoß ruhen.

Schließen Sie die Augen und atmen Sie einige Male tief ein und aus, um sich zu entspannen.

Schritt 2: Fokus auf den Atem
Richten Sie Ihre Aufmerksamkeit auf den Atem. Beobachten Sie, wie die Luft durch die Nase ein- und ausströmt.
Wenn Sie möchten, können Sie auch ein Mantra (ein Wort oder eine kurze Phrase) wiederholen, um den Fokus zu halten.

Schritt 3: Gedanken beobachten
Wenn Gedanken, Gefühle oder Geräusche Ihre Aufmerksamkeit ablenken, nehmen Sie diese einfach wahr und kehren Sie sanft zum Atem oder Mantra zurück.

Schritt 4: Dauer
Setzen Sie diese Praxis für 10–20 min fort. Beginnen Sie mit kürzeren Sitzungen und verlängern Sie die Dauer allmählich.

Schritt 5: Abschluss
Beenden Sie die Meditation, indem Sie einige tiefe Atemzüge nehmen und sich langsam wieder Ihrer Umgebung bewusst werden. Öffnen Sie die Augen und kehren Sie sanft in Ihren Alltag zurück.

Nutzen:

- Fördert innere Ruhe und Konzentration
- Reduziert Stress und Angst
- Verbessert die Selbstwahrnehmung und emotionale Stabilität.

6.10 Meditative Übung: Loving-Kindness-Meditation (Alexandra, 2024)

Beschreibung:
Die Loving-Kindness-Meditation, auch Metta-Meditation genannt, ist eine Praxis, die Mitgefühl und Freundlichkeit gegenüber sich selbst und anderen kultiviert. Diese Übung fördert positive Emotionen und verbessert das allgemeine Wohlbefinden.

Anleitung:
Schritt 1: Vorbereitung
Setzen oder legen Sie sich bequem hin, mit geradem Rücken und entspannten Schultern. Schließen Sie die Augen und atmen Sie einige Male tief ein und aus, um sich zu entspannen.

Schritt 2: Positive Gefühle für sich selbst

Beginnen Sie, positive Gefühle für sich selbst zu kultivieren, indem Sie sich innerlich die folgenden Sätze sagen:

- Möge ich glücklich sein.
- Möge ich gesund sein.
- Möge ich sicher sein.
- Möge ich in Frieden leben.

Schritt 3: Positive Gefühle für andere

- Lenken Sie dann Ihre Aufmerksamkeit auf jemanden, der Ihnen nahesteht, und wiederholen Sie die Sätze für diese Person:
- Mögest du glücklich sein.
- Mögest du gesund sein.
- Mögest du sicher sein.
- Mögest du in Frieden leben.

Schritt 4: Ausweitung des Mitgefühls

- Weiten Sie diese Praxis allmählich auf andere Menschen aus, einschließlich Freunde, Bekannte, schwierige Personen und schließlich alle Lebewesen.

Schritt 5: Dauer

Praktizieren Sie die Loving-Kindness-Meditation für 10–20 min. Beginnen Sie mit kürzeren Sitzungen und verlängern Sie die Dauer allmählich.

Schritt 6: Abschluss

Beenden Sie die Meditation, indem Sie einige tiefe Atemzüge nehmen und sich langsam wieder Ihrer Umgebung bewusst werden. Öffnen Sie die Augen und kehren Sie sanft in Ihren Alltag zurück.

Nutzen:

- Fördert Mitgefühl und Freundlichkeit
- Reduziert negative Emotionen und Stress
- Verbessert das allgemeine Wohlbefinden und die emotionale Gesundheit

Fazit und Ausblick 7

Die Einführung von Achtsamkeit in die Polizeiarbeit hat das Potenzial, sowohl die individuelle Resilienz als auch die organisatorische Effektivität deutlich zu verbessern. Durch gezielte Achtsamkeitsübungen und -programme können Polizeibeamte lernen, besser mit Stress umzugehen, was zu einer verbesserten psychischen Gesundheit und Leistungsfähigkeit führt. Die im Buch beschriebenen positiven Ergebnisse des Achtsamkeitsprogramms des Polizeipräsidiums Offenburg bestätigen diese Vorteile eindrucksvoll. Die Teilnehmerinnen und Teilnehmer berichten von einer verbesserten Work-Life-Balance, einer gesteigerten Kreativität und Konzentrationsfähigkeit sowie einem besseren Umgang mit Stresssituationen.

Ein entscheidender Erfolgsfaktor für die Implementierung solcher Programme ist die aktive Unterstützung durch die Führungsebene. Führungskräfte, die Achtsamkeit selbst praktizieren und bewusst fördern, schaffen eine Kultur des Vertrauens und der Offenheit, die maßgeblich zum Wohlbefinden der Mitarbeiter beiträgt. Ein maßgeschneidertes Führungskräfte-Curriculum für jedes Polizeipräsidium bildet dabei die optimale Grundlage, um diesen Wandel nachhaltig zu verankern. Es zeigt sich zudem, dass eine kontinuierliche Achtsamkeitspraxis unerlässlich ist, um die langfristigen positiven Effekte vollständig zu entfalten.

Die Vision einer Kultur der Achtsamkeit zielt darauf ab, ein Arbeitsumfeld zu schaffen, in dem alle Mitarbeiter zufrieden und gesund sind. Dies fördert nicht nur die emotionale Intelligenz und Empathie, sondern auch die Innovationsfähigkeit und Kreativität der Mitarbeiter. Der Weg zu einer neuen Kultur erfordert ein strukturiertes Vorgehen, beginnend mit der Sensibilisierung und Schulung der Mitarbeiter, gefolgt von einer nachhaltigen Integration der Achtsamkeitspraxis in den Arbeitsalltag.

© Der/die Autor(en), exklusiv lizenziert an Springer Fachmedien Wiesbaden GmbH, ein Teil von Springer Nature 2024
R. Renter, *Achtsamkeit in der Polizei*, essentials,
https://doi.org/10.1007/978-3-658-46290-1_7

Die Verankerung von Achtsamkeit und emotionaler Intelligenz in der Organisation erfordert strategische Maßnahmen wie regelmäßige Trainings, die Einrichtung von Achtsamkeitsräumen und die Förderung einer offenen Feedbackkultur. Wichtig ist es, Rückfälle in alte Verhaltensweisen zu vermeiden, indem das Thema Achtsamkeit kontinuierlich kommuniziert und fest in den Unternehmenswerten verankert wird.

Offene Fragen bestehen hinsichtlich der weiteren genauen Messbarkeit der Effekte von Achtsamkeitsprogrammen in der Polizei. Weitere Forschung und eine kontinuierliche Anpassung der Programme sind notwendig, um ihre Wirksamkeit zu maximieren und sicherzustellen, dass sie den spezifischen Anforderungen des Polizeidienstes gerecht werden.

Festhalten lässt sich jedoch: Achtsamkeit ist weit mehr als nur ein vorübergehender Trend. Sie bietet eine fundierte, wissenschaftlich belegte Methode zur Stärkung der Resilienz und Effektivität von Polizistinnen und Polizisten und leistet damit einen wertvollen Beitrag zur modernen Polizeiarbeit. Es bleibt zu hoffen, dass weitere Polizeibehörden die positiven Erfahrungen aufgreifen und Achtsamkeit in ihre tägliche Arbeit integrieren. Achtsamkeit sollte zu einem festen Bestandteil der Polizeikultur werden.

Was Sie aus diesem *essential* mitnehmen können

- Wissenschaftliche Erkenntnisse zur Achtsamkeit in der Arbeitswelt
- Erfolgsfaktoren des Achtsamkeitsprogramms beim Polizeipräsidium Offenburg
- Inspirierende Teilnehmerberichte aus dem Achtsamkeitsprogramm
- Führungskräfte als Schlüssel zur erfolgreichen Achtsamkeitspraxis
- Achtsamkeit als Teil der Organisationskultur

Literatur

Aikens, K. A., Astin, J., Pelletier, K. R., Levanovich, K., Baase, C. M., Park, Y. Y., & Bodnar, C. M. (2014). Mindfulness goes to work: Impact of an online workplace intervention. *Journal of Occupational and Environmental Medicine, 56*(7), 721–731. https://doi.org/10.1097/JOM.0000000000000209.

Alexandra. (2024). Psychologie des Glücks – Meditation der liebenden Güte. https://psychologie-des-gluecks.de/interventionen/metta-meditation/. Zugegriffen: 5. Sept. 2024.

Andersen, J. P., Papazoglou, K., Arnetz, B. B., & Collins, P. I. (2015). Mindfulness Training improves decision-making performance under stress: Evidence from a randomized controlled trial with police officers. *Frontiers in Psychology, 6*, 627. https://doi.org/10.3389/fpsyg.2015.00627.

Awaris (2024–1). Achtsamkeit: Gelassener, Produktiver, Fokussierter–Achtsamkeit in Unternehmen. https://awaris.de/programme/themen/achtsamkeit/. Zugegriffen: 25. Juli 2024.

Awaris. (2024). Eine achtsame Organisationskultur: Verankerung von Achtsamkeit am Arbeitsplatz. https://awaris.de/programme/organisationen/mindfulness-champions/. Zugegriffen: 11. Juli 2024.

AXXA, (2024). Achtsamkeitsmeditation. https://www.axa.de/pk/gesundheit/a/achtsamkeitsmeditation. Zugegriffen: 18. Juli 2024.

Bergman, A. L., Christopher, M. S., & Bowen, S. (2016). Effects of mindfulness training on police and community: Mutual benefits for civilians and officers. *Journal of Community Psychology, 44*(7), 888–897. https://doi.org/10.1002/jcop.21810.

Bostelmann, P. (2024). Best practices from #GlobalMindfulnessPractice: Building an in-house community of mindfulness teachers. https://www.linkedin.com/pulse/best-practices-from-globalmindfulnesspractice-peter-bostelmann-neelf/?trackingId=RWSYwJO9fm2NW3of2cf5CQ%3D%3D. Zugegriffen: 30. Juli 2024.

Chang-Gusko, Y., Heße-Husain, J., Cassens, M., & Meßtroff, C. (Hrsg.). (2019). *Achtsamkeit in Arbeitswelten.* Springer Gabler.

Christopher, M. S., Goerling, R. J., Rogers, B. S., Hunsinger, M., Baron, G., Bergman, A. L., & Zava, D. T. (2016). A pilot study evaluating the effectiveness of a mindfulness-based intervention on cortisol awakening response and health outcomes among police officers. *Journal of Police and Criminal Psychology, 31*(1), 15–28. https://doi.org/10.1007/s11896-015-9161-x.

Christopher, M. S., Hunsinger, M., Goerling, R. J., Bowen, S., Rogers, B. S., Gross, C. R., & Dapolonia, E. (2018). A pilot study evaluating the effectiveness of a mindfulness-based intervention on stress, resilience, and burnout among police officers. *Journal of Police and Criminal Psychology, 33*(3), 229–245. https://doi.org/10.1007/s11896-018-9288-1.

Dauer, J. (2021). Dankbarkeitstagebuch. Warum es Dich glücklicher macht. https://www.bri gitte.de/liebe/persoenlichkeit/dankbarkeitstagebuch--studien--beispiele-und-ideen-117 14944.html. Zugegriffen: 11. Aug. 2024.

Evidero. (2024). Zentrale Achtsamkeitsübung – Die Sitzmeditation: Meditieren ist mehr als nur Dasitzen. https://www.evidero.de/meditation-im-sitzen. Zugegriffen: 5. Sept. 2024.

Frenkel, M. O., Giessing, L., Egger-Lampl, S., Hutter, V., Oudejans, R. R. D., Kleygrewe, L., Jaspaert, E., & Plessner, H. (2021). The impact of the COVID-19 pandemic on European police officers: stress, demands, and coping resources. *Journal of Police and Criminal Psychology*. https://doi.org/10.1007/s11896-021-09413-2.

Goleman, D., & Boyatzis, R. (2017). Emotional intelligence has 12 elements. Which do you need to work on? *Harvard Business Review*. https://hbr.org/2017/02/emotional-intellige nce-has-12-elements-which-do-you-need-to-work-on. Zugegriffen: 11. Juli 2024.

Grupe, D. W., Sponheim, S. R., Flagan, T., Kennedy, B., & Doran, N. (2019). Mindfulness training reduces stress and ameliorates resilience in police officers: Results from a randomized controlled trial. *Journal of Traumatic Stress*. https://doi.org/10.1002/jts. 22450.

Hölzel, B. K., Carmody, J., Vangel, M., Congleton, C., Yerramsetti, S. M., Gard, T., & Lazar, S. W. (2011). Mindfulness practice leads to increases in regional brain gray matter density. *Psychiatry Research: Neuroimaging, 191*(1), 36–43. https://doi.org/10.1016/j.pscych resns.2010.08.006

Hosang, K. (2024). Body Scan Anleitung. https://karlhosang.de/body-scan-anleitung/. Zugegriffen: 5. Sept. 2024.

Innenministerkonferenz. (2013). Handlungsempfehlungen aufgrund der Berichte der LänderBund-Arbeitsgruppe Zukunft Personal – ZuP – Des UA PöD des AK VI zu „Demografie und Personalentwicklung im öffentlichen Dienst". https://www.innenmini sterkonferenz.de/IMK/DE/termine/to-beschluesse/14-06-12/anlage26.pdf%3F__blob% 3DpublicationFile%26v%3D2. Zugegriffen: 30. Juli 2024.

Khoury, B., Lecomte, T., Fortin, G., Masse, M., Therien, P., Bouchard, V., Chapleau, M. A., Paquin, K., & Hofmann, S. G. (2013). The efficacy of mindfulness-based interventions in the treatment of anxiety and depression: A meta-analytic review. *Journal of Clinical Psychology, 71*(3), 241–261. https://doi.org/10.1002/jclp.22118.

Klose, A. (2022). SAP global mindfulness practice erweitert sein Programm für Achtsamkeit und emotionale Intelligenz. https://news.sap.com/germany/2022/09/achtsamkeit-neue-superkraft/. Zugegriffen: 11. Juli 2024.

Kotter, J. (2011). *Leading change: Wie Sie Ihr Unternehmen in acht Schritten erfolgreiche verändern* (1. Aufl.). Franz Vahlen.

Kulturelle Veränderungen. (2024). Was sind die besten Modelle, um eine nachhaltige Kulturwandel-Initiative zu gewährleisten? Bereitgestellt von KI und der LinkedIn Community. https://www.linkedin.com/advice/0/what-best-models-ensuring-sustainable-cul ture-change-f8gae?trk=contr. Zugegriffen: 30. Juli 2024.

Latscha, K. (2005). Belastungen von Polizeivollzugsbeamten: Empirische Untersuchung zur Posttraumatischen Belastungsstörung bei bayerischen Polizeivollzugsbeamten/ -innen. Dissertation, Ludwig-Maximilians-Universität München. Zugegriffen: 11. Juli 2024.

Maierhofer, A., Schmied, W., & Köllner, V. (2020). Anleitung Progressive Muskelentspannung nach Jacobson. https://www.mediclin.de/fileadmin/02_Dokumente_Share_verzeichnis/01_Klinikuebergreifende_Dokumente/Sonstige_Flyer_und_Broschueren/Progressive-Muskelentspannung-nach-Jacobson.pdf. Zugegriffen: 05. Sept. 2024.

Narbeshuber, E., & Narbeshuber, J. (2019). *Mindful Leader. Wie wir die Führung für unser Leben in die Hand nehmen und uns Gelassenheit zum Erfolg führt.* München: O.W. Bath Verlag.

Rehberg, C. (2024). Die 4-7-8 Atmung hilft beim Einschlafen. https://www.zentrum-der-gesundheit.de/news/gesundheit/allgemein-gesundheit/4-7-8-atemtechnik. Zugegriffen: 05. Sept. 2024.

SAP. (2024): Globale Achtsamkeitspraxis von SAP. https://www.sap.com/germany/about/customer-involvement/global-mindfulness-practice.html. Zugegriffen: 24. Juli 2024.

Schulz, L. (2019). SAP – Achtsam arbeiten im digitalen Zeitalter. https://news.sap.com/germany/2019/10/achtsam-arbeiten/. Zugegriffen: 18. Juli 2024.

Staller, M., Zaiser, B., & Körner, S. (Hrsg.). (2023). Stress und Stresserkrankungen im Polizeiberuf. In *Handbuch Polizeipsychologie.* Springer. https://doi.org/10.1007/978-3-658-40118-4_16.

Tan, C.-M. (2012). *Search inside yourself: The unexpected path to achieving success, happiness (and world peace).* HarperOne.

Tan, C.-M. (2015). *Search inside yourself: Optimiere dein Leben durch Achtsamkeit* (2. Aufl.). Goldmann Verlag.

Wehe, D., & Siller, H. (HRSG.). (2023). *Handbuch Polizeimanagement.* Springer Gabler.

Weifenbach, M. (2024). *Erfolgsformel Achtsamkeit – Bewusst führen, nachhaltig gewinnen.* Litego Verlag.

Wolf, K. (2022). Achtsamkeitsübung Atempause. https://mehrentspannung.de/achtsamkeitsuebung-atempause/. Zugegriffen: 5. Sept. 2024.

Zeidan, F., Gordon, N. S., Merchant, J., & Goolkasian, P. (2011). Brain mechanisms supporting the modulation of pain by mindfulness meditation. *Journal of Neuroscience, 31*(14), 5540–5548. https://doi.org/10.1523/JNEUROSCI.5791-10.2011

Ziegler, M. (2023). Bauchatmung – Atemübung wieder erlernen und anwenden. https://www.pari.com/de/blog/atemtechnik-bauchatmung/?fbclid=IwZXh0bgNhZW0BMAABHaiJZDRsjk6Dnl6z28mLMxnUicmLb_Zkssml0L5D2n5oYWBGk-xcR0avug_aem_noBO2DNsuGQEBrk9srI1ww#:~:text=Stellen%20Sie%20sich%20vor%2C%20dass,Wiederholen%20Sie%20diesen%20Vorgang%20mehrmals. Zugegriffen: 5. Sept. 2024.

Printed in the USA
CPSIA information can be obtained
at www.ICGtesting.com
CBHW081452011224
18277CB00005B/142